The Nature
and Value of
Happiness

幸福的本质

主编 陈嘉映

Christine Vitrano

[美] 克里斯蒂娃·维特拉诺 著
沈晓鹏 译

幸福译丛

ZHEJIANG UNIVERSITY PRESS
浙江大学出版社
· 杭州 ·

图书在版编目（CIP）数据

幸福的本质 /（美）克里斯蒂娃·维特拉诺著；沈晓鹏译. -- 杭州：浙江大学出版社，2025. 6. --（幸福译丛）. -- ISBN 978-7-308-26055-8

Ⅰ. B82

中国国家版本馆CIP数据核字第2025J0N650号

浙江省版权局著作权合同登记图字：11—2025—172

幸福的本质

[美] 克里斯蒂娃·维特拉诺 著　　沈晓鹏 译

责任编辑	伏健强
文字编辑	赵文秀
责任校对	凌金良
装帧设计	林　林
出版发行	浙江大学出版社
	（杭州市天目山路148号　邮政编码310007）
	（网址：http:// www.zjupress.com）
排　　版	北京楠竹文化发展有限公司
印　　刷	北京天宇万达印刷有限公司
开　　本	880mm×1230mm　1/32
印　　张	6.25
字　　数	151千
版 印 次	2025年6月第1版　2025年6月第1次印刷
书　　号	ISBN 978-7-308-26055-8
定　　价	62.00元

版权所有　侵权必究　印装差错　负责调换

浙江大学出版社市场运营中心联系方式：（0571）88925591；http://zjdxcbs.tmall.com

| 总　序 |

　　浙大城市学院城市发展与战略研究院、中国幸福城市杭州研究中心与浙江大学出版社联手推出了这套"幸福译丛"。译丛第一辑共有五本：《幸福的本质》（ *The Nature and Value of Happiness* ），《人生的价值：快乐、幸福、良好生活和意义》（ *Life's Values: Pleasure, Happiness, Well-Being and Meaning* ），《追求不幸福：难以捉摸的良好生活心理学》（ *The Pursuit of Unhappiness：the Elusive Psychology of Well-being* ），《反对幸福》（ *Against Happiness* ），《良好生活的伦理学：什么是善，为什么？》（ *What is Good and Why: the Ethics of Well-being* ）。

　　这套"幸福译丛"偏向于基础理论研究，它不自限于"怎样获得幸福"这样以实用为目标的问题，而是探讨与幸福相联系的一系列重要概念，例如幸福与良好生活、幸福与美德等。在基础理论研究领域里，我们会遇到一些人们未必经常想到但又是很根本的问题，例如，幸福与痛苦的关系——全然摆脱了痛苦的幸福是可以想象的吗？它是可欲的吗？我们愿意享受不劳而获的幸福吗——尖刻的评论家把这叫做猪猡的幸福？幸福包括德性吗？如果幸福追求与德性发生矛盾或冲突，我们应当如何选择？又例如，幸福生活是每一个人的终极追求吗——苦行僧或者希特勒那样的战争狂人追求的似乎不是幸福生活？这些问题虽然听起来遥不可及，但它们不是一些无关紧要的问题，实际上，它们是在中外思想史上被反复讨论的问题。而且，唯有我们更加深刻地理解何为幸福，才能避免在追求幸福的道路上误入歧途。

　　收入这套"幸福译丛"的著作主要探讨这些理论问题，这类探讨所涉及的基本概念给翻译工作带来了一些特殊的困难。就以"幸福"这个词为例吧。我们把"happiness"译为"幸福"，这应该没什么不妥。那么"happy"呢？译为"快乐"没什么不妥，然而，这样一来，译文就失去了"happy"和"happiness"两者在英语原文里显而易见的联系。

　　我们希望这套"幸福译丛"能让读者系统地了解国外幸福研究的现状，并促进国人对相关课题的深入研究。我们也希望读者发现译文的舛错时，能够不吝赐教。

"幸福译丛"编委会

2025 年 3 月

| 前　言 |

何为幸福（happiness）？如何才能获得幸福？获得幸福应该成为我们的最终目标吗？追求幸福是否会与我们的道德义务相冲突？

早在两千多年前，当苏格拉底、柏拉图、亚里士多德、伊壁鸠鲁还活跃于雅典时，哲学家们就在探索这些问题。虽然世纪变迁，这些问题却一直备受关注，奥古斯丁、阿奎那、休谟、康德和尼采等哲学巨人以及我们时代的主要哲学家都讨论过这些问题。事实上，只要人类生命在地球上继续存在，关于幸福的学说就可能会继续存在。

维特拉诺教授多年来致力于思考与幸福相关的众多问题，她对该主题的理解非常深刻。在这本引人入胜的书中，她对幸福展开了非常清晰的概念解析，避开了晦涩的术语、含混的文献资料和错综复杂的论证。她还通过大量具有启发性的例子来阐述她的核心观点。

我发现她的推理很有说服力，结论也令人信服。即使是那些与她存有异见的人也会欣赏她清晰的论理风格和对常识的坚持。

事实上，阅读这本令人愉悦的书甚至可能会增加你的幸福感。

史蒂文·卡恩

| 目 录 |

| 导　论 |

　　每个人都想要快乐，但如果我们提出"什么是幸福？"（What is happiness？）这个看似简单的问题，一些熟悉，甚至显而易见的事情突然变得难以解释。两千多年前，古希腊人开始探究幸福的本质，在伦理学史上，大部分著作也都聚焦于古希腊人提出的一个简单的问题：我们如何才能过上快乐的生活？例如，亚里士多德认为，即使我们对幸福是什么以及如何实现幸福有截然不同的理解，但每个人都会认同，活得快乐是过上好生活的关键。

　　当我教授关于幸福的课程时，我经常在第一堂课上采用自由联想的方法展开对幸福话题的讨论。我把"**幸福**"这个词写在黑板上，并要求全班同学分享自己想到的关于幸福的任何事物。我的提问通常会换来一场沉默。当然，我知道同学们对幸福有很多见解，但我也理解他们最初的迟疑。尽管我们都很熟悉这个词，但大多数人都认识到，幸福是一个复杂的概念，没有人愿意冒险给出一些粗浅的见解。在向大家说明我并不是要求给出幸福的正式定义后，他们就会放松下来，很快课堂上就充满了各种各样与幸福相关的想法。

　　这个课堂讨论的目的不是要就如何定义幸福取得一些共识，我们有一整个学期的时间来试图达成这个目标。相反，我希望我的学生们能意识到，即使他们的理解尚不完备，但他们已经对幸福的本质有所洞见。事实上，我相信，我们每一个人对何时感到快乐，或何时

2　感到不快乐都有重要的直觉性认识，这些认识构成了我们理解"幸福"这个词的基础。当我们分析关于幸福的各种哲学观点时，这些直觉仍然很有用，在本书中，我将利用这些直觉认识来评价特定的幸福理论。

　　当我们审视关于幸福的哲学文献时，我们很快就会注意到，两千多年来，我们在幸福概念上的纠结和争论几乎没有改变。尽管现代技术的发展改变了我们生活的许多方面，但我们仍然在努力解决古希腊人提出的同样问题，即我们应该如何生活以及如何才能实现幸福。近年来，心理学、社会学和经济学等不同领域的实证研究人员加入对幸福的研究，在一定程度上掩盖了哲学家的研究光芒。在此背景下，关于幸福的研究不再局限于学术期刊，而是频繁出现在报纸和杂志文章中。例如，心理学家丹尼尔·吉尔伯特（Daniel Gilbert）名为《追求幸福》（*The Pursuit of Happiness*）的书成为全美畅销书，吉尔伯特本人最近还主持了美国公共电视网特别系列节目《情感生活》（*This Emotional Life*）。

　　在此，我并不想贬低这类有关幸福的实证研究的重要性，因为这些研究很有趣，有时甚至令人称奇。[1]但是，我确实想强调这些实证研究想回答的问题与哲学家感兴趣的问题之间的区别。实证研究通常从这样一个预设前提开始：我们不仅已经理解了幸福的概念，而且知道幸福是可以被测量的。这类研究通常着眼于促进或阻碍幸福的各种活动类型，他们经常使用研究参与者对其生活满意或不满意的第一人称报告来评估幸福感。但这类研究向哲学家提出了进一步的问题，要求

　　1　在心理学家诸多令人惊讶的研究发现中，我最喜欢的一个是，生育孩子，成为父母实际上并不会提升人的幸福感，反而会导致幸福感急剧下降。要等到孩子成年后离家，父母才能完全找回曾经的幸福感（我想那些当父母的，尤其是孩子还年幼或处于青春期的，对此一定深有感触）。

从更为根本的角度来解读幸福。在哲学研究中，我们并不假设我们已经对幸福有了清晰的理解，因为我们之所以研究这个主题，正是要厘清幸福概念的本质。我们的目标是回答有关幸福的本质和价值的问题，但回答此类问题需要采用理论研究的方法。

某些哲学传统对幸福施加了人为的限制，从而扭曲了其含义。虽然普通人可能无法就幸福给出一个正式的定义，并说明实现幸福所需的条件，但她对这个词的含义仍然有一定的了解。我认为常识性的幸福观应该限制我们对幸福的哲学化理解。在日常用语中，我们对"幸福"这个词的使用应该与日常需要相适应，从而实现我们想要它发挥的作用。如果一个人对解释普通人所使用的幸福概念是什么感兴趣，那么她就应该规避哲学家对幸福含义所做的不必要且误导性的修订。

在批判性地评价各种有关幸福的哲学理论时，我会采用我们何时感到快乐的直觉常识来展开分析。当一个理论偏离这些直觉常识，比如我们的直觉认为一个人快乐时得出此人不幸福的结论，或直觉认为一个人不快乐时却得出此人幸福的结论，我会认为我们有充分的理由拒绝这个理论。好的理论应该可以促进我们理解通常意义上的"幸福"概念，而不是去创造一个新的概念。

本书将首先介绍并批判性地评价过去和现在的幸福哲学理论，每一章聚焦于一种特定的幸福观。所讨论的问题包括：我们现代的幸福观念与古代起源时的观念相比发生了怎样的变化？幸福的价值究竟在于什么？幸福是至善或仅是众多善中的一种？幸福是否需要要求一个人有道德或过着良善的生活？

第一章将重点讨论享乐主义（hedonism）的幸福观，该观点认为幸福等同于快乐（pleasure），或者在快乐与不快乐之间强烈倾向于前者。一些理论家在使用**幸福**和**快乐**这两个词时不加区分，而另一些理论家则给出大量的论据解释，为什么幸福应该等同于快乐。但他们都同意，**幸福**是指个体的精神或心理状态，他们认为这一幸福概念的论述契合幸福这个词的通常用法。

这一章的讨论将从古代哲学家伊壁鸠鲁（Epicurus）开始，他认为我们所有的行为都是为了追求幸福，他将幸福等同于快乐。伊壁鸠鲁拒绝接受典型的享乐主义假设，即我们应该最大化我们所体验到的快乐。相反，他主张我们在追求快乐时要懂得节制，并强调减少痛苦经历的重要性，这样我们才能实现宁静的理想生活。我们还将讨论两位现代哲学家杰里米·边沁（Jeremy Bentham）和约翰·斯图尔特·密尔（John Stuart Mill），他们的功利主义道德理论将幸福视为道德的基础。他们的"最大幸福原则"指引我们尽可能地实现幸福最大化，他们所说的幸福就是只有快乐，没有痛苦。最后，我们将涉及一些持有享乐主义幸福观的当代哲学家的例子。

随后，我们将批判性地评价享乐主义幸福观的主要论点，即所有快乐的经历都会增加一个人的幸福，而所有痛苦的经历都会消减幸福。我将提出几个反例，说明为什么这个论点是错误的，并得出结论：幸福必然关乎我们对生活更全面的态度。尽管幸福常常受到经历快乐和痛苦的影响，但它不能简化为单纯的快乐。

我在"附录"部分对本章议题做了延展讨论，其中涉及罗伯特·诺齐克（Robert Nozick）提出的著名的"体验机器"（Experience Machine）思想实验。他认为，快乐不可能是幸福生活的关键要素，因为在诺齐克看来，如果存在一台虚拟现实机器，人们可以接入其中，通过机器除了获取自己选择的快乐体验外再无其他收获，那么人们就

不会选择接入，而是更愿意生活在现实中。与诺齐克相反，我认为很
多人可能会选择接入。即便有些人拒绝接入，我认为他们也不是出于
诺齐克假设的原因。与诺齐克观点相左，我的结论是，他的思想实验
实际上并没有对享乐主义作为一种幸福理论提出有力的反驳。然而，
鉴于我们在第一章中已经讨论过的其他反对意见，享乐主义的幸福观
仍然应该被抛弃。

第二章和第三章将重点讨论与享乐主义相反的观点，即把幸福
等同于美德。这两章中的理论家都认为，幸福可以通过践行美德或过
上卓越的生活来获得，这种观点与古希腊和古罗马道德主义者有密
切关联。在第二章中，我们的讨论会从柏拉图开始。柏拉图认为拥
有公正的灵魂对于实现幸福是必要且充分的。我们将分析柏拉图的
正义观，他将正义定义为一个人灵魂不同部分的完美平衡，每个部
分都发挥其独特的作用。随后，我们还将审视柏拉图的正义之士的
例子，即正义之士受到他所处社会的不公正迫害，甚至被"送上了
刑架"。根据柏拉图的看法，尽管从表面上看，正义之士饱受痛苦，
但他是快乐的，而一个表面上看似功就名成的非道德主义者却并不
幸福。

接下来，我们将注意力转向斯多葛学派（Stoics），他们也将幸福
等同于美德，但将美德定义为符合我们理性本性的生活。对于斯多葛
学派来说，如果一个人可以认识到自己能掌控之事（比如我们自己的
愿望和判断）和自己不能掌控之事（比如所有外部事件）之间的区别，
并懂得只关心自己能掌控之事，那么此人就能获得幸福。斯多葛学派
的目标就是保持一种淡然超脱的生活态度，或者说在情感上不受任何
超出掌控的事件的影响，这样就能确保一个人无论面对什么创伤事件
都能够保持幸福。

5

　　第三章首先讨论了同样重视美德的亚里士多德的幸福观。我认为亚里士多德的观点比柏拉图和斯多葛学派的观点有所改进，因为他认识到除了美德之外，某些外在事物同样至关重要，例如友谊、财富、健康和运气。按照亚里士多德的说法，柏拉图的刑架上的正义之士虽然具备美德，但他并没有过上快乐的生活，因为他缺乏太多必要的外在事物的支撑。我相信亚里士多德对柏拉图正义之士例子的分析更接近我们对一个人在什么状态下是快乐的常识判断。

　　第三章最后批判了柏拉图、斯多葛学派和亚里士多德所认可的将幸福等同于美德的观点。我将提出几个反对意见，其中最关键的是，将幸福等同于美德与我们今天使用"幸福"这个词的方式有很大的不同。我认为这种基于美德的幸福观将实现幸福的标准设定得太高了，如果我们在日常的幸福归因中真正采用这个标准，那么很少有人有资格获得快乐。我的结论是，我们应该拒绝这种幸福观。

　　第四章可以被视为哲学家们守护享乐主义精神的尝试，但这些理论家并没有将幸福等同于快乐，而是将其等同于一个人欲望的满足。我将这种观点称为"简单满足观"（simple satisfaction view）。在当代文献的研究中，很多理论家把幸福等同于得到一个人想要的一切，但是这种幸福观很少得到正式论证，而且还常被当作无可争议的观点来陈述。

　　我将论证，把幸福与欲望满足联系起来的主要弱点是，一旦我们拥有了我们想要的东西，我们就不一定喜欢它了。我利用有关"情感预测"（affective forecasting）的实证研究结果来为这一反对意见提供依据，研究指出，我们无法准确预测未来情绪状态。我的结论是，实际上和幸福相关联的是主体的满足感，而不一定是欲望满足。

　　第五章讨论的幸福观可以看作第二、三、四章涉及的幸福观点的融合，它结合了幸福是一种满足和幸福意味着一个人过良善生活的观点。本章中的理论家们改进了我所批驳过的幸福理论，将幸福等同于对生活的满足状态。但这些理论家也希望守护古代道德家们的直觉认识，即快乐的生活意味着一个人过着良善的生活。为了确保幸福与良善之间的联系，这些理论家将满足视为快乐的生活的必要条件，但不是充分条件。他们对判断某人是否快乐施加了规范性限制。

　　根据它们在判断幸福时所采用标准的严格程度差异，我将本章中的幸福理论分为两类。首先，我讨论了规范标准最严格的理论，并论证持有这种幸福观所带来的不连贯性问题。然后我给出我的观点：即便是较温和的基于规范性评价的幸福观也是站不住脚的。对幸福施加规范性限制的一个问题是，通过允许第三方在判断他人幸福时诉诸自己的价值观，我们就将幸福变成了一种奇怪的评价性概念，完全不反映主体自己的心态。根据这种观点，对幸福的判断变成了做出判断的第三方之好恶的描述，并不反映主体的感受或其价值观念。这种方法偏离了我们日常使用**幸福**这个词的方式，我认为本章中的所有规范性理论家都犯了一个同样的错误，即从日常用语中提取一个词汇，并附以特殊哲学含义的解读。

　　第六章重点讨论基于生活满足的幸福观，我认为这种观点成功地捕捉到我们对幸福的日常理解。我引述了几位当代理论家的研究，他们认为幸福无非就是对自己的生活感到满足。此外，我回应了几个人们对幸福的误解。我还讨论了幸福是不是一个单一概念以及幸福自判是否可能出错的问题。在本章的最后一节，我讨论了丹尼尔·海布伦（Daniel Haybron）提出的反对意见，他批驳说个体对生活满足感的自判存在主观武断的问题。作为回应，我认为海布伦的反对意见实际上并没有给生活满足感的幸福观带来严峻挑战。

7　　　第七章重点讨论幸福与道德的关系。我论证了不道德主义者获得快乐的可能性，并且回应了两位否认这种可能性的当代哲学家的反对意见。然后我讨论了究竟是实践道德还是仅呈现道德外表更能提升一个人的幸福的问题。就此问题，我的观点是仅呈现道德外表可以使幸福最大化。

　　　最后，第八章探讨了生活满足感的幸福观所含有的现实意义，包括它如何帮助我们缓解不幸福感并就对幸福的追求提出建议。

第一章

Chapter 1

幸福即快乐

当今有关幸福的观念中颇为流行的一种观点是，幸福不过是快乐的体验。这种观点往往被冠以享乐主义的帽子，其起源可以追溯到古代。享乐主义者认为，当我们说某人快乐时，意指某人有引起快乐的经历体验，换用更专业的语言表述，即某人经历了快乐压制不快乐的正向平衡体验。实际上，有一些学者将**幸福**（happiness）和**快乐**（pleasure）两个词替换使用；另有一些学者则对两个概念为什么等同给出了详尽的阐释。无论如何，所有享乐主义者都同意幸福只不过是个人的一种精神或心理状态，一种快乐的状态；他们相信，只要看看我们在日常对话中使用**快乐**（happy）这个词的方式，大家就会支持和认同他们的观点。托马斯·卡森（Thomas Carson）简洁地阐述了享乐主义者关于幸福的主要论点："所有的快乐体验都有助于个人幸福，无论它们是好是坏；同样，所有经历痛苦和拥有不快乐的体验都会消减一个人的幸福，无论其价值如何。"[1]

检视一下日常用法，享乐主义者关于幸福和快乐之间联系的说法似乎确有道理。我们经常将**快乐**和**愉悦**（pleasant）这两个词用作同义词。例如，当某人说她在从事自己工作的时候感到快乐，这通常意味着她总体上享受她的工作，或在工作中感觉到愉悦。如果某人说她在工作的时候感到快乐，但又坚持说自己讨厌上班或觉得工作非常可怕或乏味，那就很奇怪了。换而言之，我们生活中不快乐的时光往往伴随着痛苦的经历，例如失去工作或亲人去世。此外，当你认为某人是快乐的，你会认为这是一个总体感觉良好的人。感觉良好（feeling good）指向一个人的精神或心理状态，人们感觉良好的一个原因在于，他们正在享受当下或经历让人感受到愉悦的时刻。正如理查德·坎贝尔（Richard Campbell）所言，一个很少或根本不喜欢自己所从事的活动的人，不可能过上快乐的生活。反之，一个几乎享受其所从事的所有活动的人，至少能过上基本意义上的幸福生活。[2] 简言之，不幸福往往是由痛苦的情绪经历所引起，例如悲伤、绝望和抑郁。生活中，我们往往会趋利避害，尽力避免这些负面的情绪体验。

享乐主义的不同类型

享乐主义的幸福观必须与其他两种容易混淆的享乐主义学说区分开来——伦理享乐主义（ethical hedonism）和心理享乐主义

1　Thomas Carson, "Happiness and the Good Life," *Southwestern Journal of Philosophy* 9, 1978, 78.

2　Richard Campbell, "The Pursuit of Happiness," *Personalist*, 1973, 325–337.

（psychological hedonism）。伦理享乐主义是一种价值理论，它认为快乐是唯一本质上可取的东西，而痛苦是唯一本质上不可取的东西。说某事物本质上是可取的，就是说我们仅仅因为它本身而渴望或重视它，而不是出于任何进一步的原因或后果。例如，想想为什么有人要接受大手术。没有人会认为手术是本质上可取的东西；因为就其本身而言，手术是痛苦和沉重的，并无内在价值。但是人们接受手术，是因为人们希望它会带来一些有益的结果，比如治愈疾病。再来看一个反例，思考一下某些你想做的事情会给你带来快乐的原因，比如吃巧克力蛋糕（假设你和大多数普通人一样喜欢巧克力）。你渴望通过吃蛋糕获得快乐体验——这种快乐体验的内在价值就是你行为选择的动力。

　　内在价值（intrinsic value）与工具价值（instrumental value）形成了鲜明的对比。工具价值是指某些事物因其能带来的良好结果而被我们视为具有价值（如前例中的手术）。金钱是工具价值的典型例子：就其本身而言，金钱只不过是一张纸而已。金钱的价值是工具性的，因为它的价值在于我们能用它实现各种目的。有一些我们欲求的东西同时具有两种价值。例如，有些人喜欢跑步，既因为他们（本质上）享受跑步的过程，也因为他们重视其带来的良好结果（健康的体魄）。艺术收藏家既可能会因为藏品本身的美珍视其价值（内在价值），也可能因为其在交易市场上的金钱价值（工具价值）而收藏该作品。

　　回到伦理享乐主义这一话题，人们可能会认为这种观点听起来只是陈词滥调，因为谁会否认快乐的内在价值呢？每个人都想要体验快乐。即使是受虐狂也如此，只是他们认为的快乐对普通人来说是痛苦。但伦理享乐主义更为大胆的主张是，快乐应该是我们**唯一**看重的东西，即快乐本身应该是具有最高价值的东西。伦理享乐主义的观点暗含这样一种逻辑，即除了快乐之外，我们所欲求的其他一切事物所具备的价值**仅**在于它们是获取快乐的手段。因此，伦理享乐主义者本质上把所有的价值都集中在一个原点上，那就是快乐。

说到这里，大家可能感觉到伦理享乐主义并不是一种尝试说明哪些行为在道德上正确的道德理论，它也没有提出我们有行善的道德义务。这一价值理论恐怕和道德关系不大。相反，伦理享乐主义是一种价值理论，试图告诉我们哪些事物本质上是好的。所以，你可能会选择放弃某一种快乐的体验（比如吃巧克力蛋糕），而去做一些令你感到痛苦的事情（比如锻炼），因为你想保持健康体魄（本质上好的）。伦理享乐主义并没有暗指你必须总是追求快乐并避免痛苦，但它确实意味着只有当你的生活充满快乐时，你的生活才是好的（当你经历痛苦时，你的生活就是坏的）。

享乐主义的幸福观并不一定需要趋同于伦理享乐主义或那些认定幸福内在价值的观点。只有当认定幸福是唯一本质上令人向往的东西时，享乐主义的幸福观才和伦理享乐主义一致。如果一个人认为幸福是所有内在价值追求的最终源泉，并且还认为幸福不过是一种快乐的状态，那么此时，享乐主义的幸福观趋同于伦理享乐主义。[3]但我认为，享乐主义的幸福观不需要桎梏于这样的观点；相反，拒绝伦理享乐主义才是更好的选择，因为它很容易受到各种批驳。

伦理享乐主义首要的问题是，它偏离了我们关于善恶的常识性判断。理查德·勃兰特（Richard Brandt）指出，"许多人都曾做出这样的反思，除了快乐之外，其他一些事物也具备内在的好；或者说，有些类型的快乐本质上是坏的。面对这种情况，我们不能简单地认

3　幸福是内在价值的唯一来源的观点在古希腊哲学家中非常流行，他们中的许多人将幸福视为生活的最终目标或目的。我将在第二章和第三章中讨论这种幸福观，其中我将讨论幸福与美德之间的联系。

为'本质上是好的'就是快乐"。[4] 让我们举例来说明勃兰特的观点。想象一下那些从目睹他人痛苦中获得快乐的人。伦理享乐主义者认为，无论快乐的来源如何，所有快乐本质上都是好的。但许多人会认为，源自不道德行为的快乐，比如猥亵儿童、强奸和虐待等，本质上并不好。

此外，大家也可能不同意伦理享乐主义者关于快乐是唯一具有内在价值的追求的观点，因为除了快乐之外人们还欲求很多其他的东西。比如，哲学家一般认为尽管知识、智慧和美德本身不产出任何快乐，但它们具有内在价值。再比如，父母会珍视与孩子之间爱的互动，但这种父母和孩子之间亲密的关系也与快乐关系不大。现实中，尽管不少父母谈到养育孩子过程的辛苦，但人们还是渴望并珍视成为父母的人生体验。因此，享乐主义的幸福观认识到幸福是众多本质上好的事物之一，而不是唯一具有内在价值的事物。

另一种享乐主义学说——心理享乐主义，则是有关人类动机的解释。尽管心理享乐主义有多种不同的变体，但勃兰特认为，将它们统一起来的是一种共同的认识："无论是未来、现在还是过去，行为或欲望的产生是由快乐或不快乐决定的。"[5] 在心理享乐主义看来，每次我们行动时，都是被快乐激励的，并且我们总是寻求最大化整体快乐体验。

如果享乐主义幸福观支持者接受了心理享乐主义，她就会相信我们所有的行为都是为了幸福最大化。然而，一个持有享乐主义幸福观的人并不一定需要把幸福视为所有行动背后的驱动力。我认为享乐主义幸福观不应该赞同心理享乐主义，因为作为一种动机理

4　Richard Brandt, "Hedonism," in *The Encyclopedia of Philosophy*, edited by P. Edwards, New York: Macmillan, 1967, 434.

5　Ibid.

论，心理享乐主义似乎是错误的。稍作思考，我们会发现人们常常以牺牲自己的幸福为代价来促进他人的利益。想象一下进入火灾现场的消防员或辞掉工作搬回家照顾生病父母的子女。在这两种情况下，他们的动机都是责任感或道德义务，而不是促进自己的幸福。

作为回应，心理享乐主义者可以巧言善辩地将这些反例重新解读，辩称其背后仍然有幸福最大化这一愿望在起作用。但这一举动是缺乏说服力的，因为这里牺牲的恰恰是他们自己的幸福。再退一步说，即使心理享乐主义有关幸福最大化是人类根本动机这一观点站得住脚，在我看来，它与享乐主义的幸福观仍迥然相异。

什么是快乐？

在进一步深入研究享乐主义的观点之前，我们必须解决的一个问题是，当哲学家谈论快乐时，他们的意思是什么？什么是快乐？

一种有效的策略是研究我们对其他感觉进行分类的方式。请思考一下：是什么使某种特定的感觉成为痒的感觉？所有不同的痒感有什么共同点，从而使我们愿意将它们归类为痒的感觉（而不是称其为其他感觉）？答案是，我们根据感觉本身或我们体验感觉的方式对许多感觉进行分类。所有特定类型的感觉或多或少都会带来一些相似的感受，尽管在程度或强度上可能有所不同。使用这个归纳思路，人们可能会根据这种相似的体验感受将各种不同的快乐归于一类。

那么，我们现在必须提出这么一个问题：每一次快乐的经历都会产生一种共同的情绪感受吗？我们是否可以用这种情绪感受来鉴定某一种体验属于快乐，而不属于其他感受？

　　请试着思考一下，一个人可能经历的能引起快乐的各种不同事件：有些涉及身体感觉，而另一些则涉及我们的智力。有些快乐来自休闲和放松，而另一些则与体力消耗有关。比如，可以比较一下阅读一本引人入胜的小说所获得的快乐与在海里游泳的快乐。有些人喜欢网球或高尔夫等运动，而另一些人则喜欢玩填字游戏。这里的难题是每一种快乐体验带来的感觉是非常不同的。似乎没有一种共同的感觉能够将它们全部联系起来，因此我们不能简单把所有这些感受统称为快乐。

　　那么，我们需要另一种策略来描述可以被称为快乐的事物。字典可以为我们带来一些灵感。根据《牛津英语词典》（*Oxford English Dictionary*），快乐被定义为："（1）因体验或预期感觉某种被视为好的或令人向往的事物而引起的状况或感觉；享受，喜悦；……（2）符合某人的意愿或意志的个人愿望或选择。"[6]这个定义为快乐分类难题提供了一种重要的思路，因为它表明我们可以通过对体验的态度而不是感受来定义快乐。这个定义表明，我们应该将各种不同的快乐统一归类为那些我们享受或为之感到愉悦的经历，或者简单地说，即所欲所求得到满足带来的体验。

　　19世纪英国功利主义哲学家亨利·西奇威克（Henry Sidgwick）对所有快乐都有共同感觉这一观点提出反驳。他是最早提出从主观态度角度对快乐概念进行定义的哲学家之一。根据西奇威克的说法，将所有这些状态统称为快乐的原因是我们对这些经历持有的正面态度。他如此解释道："当我反思快乐这一概念时，在如此指称的诸多

---

　　6 *New Shorter Oxford English Dictionary*, January 1997, version 1.0.03. Oxford: Oxford University Press, 1973, 1993, 1996.

感觉中，我能找到的唯一共同特点似乎是它们和欲求达成的关系。一般我们统称这些感觉和经历为'可欲的'（desirable）。因此我建议这样对快乐进行定义，即有一般智力的人们可以体验到的一种感觉；一种至少隐含地被认为是可欲的，或在比较的情况下是更受偏爱的感觉。"[7]

尽管有相当多分析快乐的概念的哲学文献，但是西奇威克的观点依然影响了许多著名的哲学家。例如，20世纪美国哲学家勃兰特将快乐的体验定义为一种你希望"持续并延长（已然不由自主地投入其中）的当下时刻"的体验。勃兰特在《哲学百科全书》(*The Encyclopedia of Philosophy*)中有关享乐主义的文章中详细阐述了这种快乐的概念：当一个人"在进行他喜欢的经历或活动的时候，从某种意义上说，他处于一种快乐的精神状态（或自我享受）。除了对道德的考虑，对后果的考虑或其他更喜欢的东西可以取而代之的可能性之外，在这种状态下，他不希望有任何改变。事实上，他希望尽量避免出现这种可能发生的状况"。[8]

当代伦理理论哲学家弗雷德·费尔德曼（Fred Feldman）认为，以西奇威克为代表的这种观点是幸福伦理研究文献中的主流观点。他将相关理论的逻辑共同点总结为："他们会选定某种态度 A，然后坚持认为，当且仅当经历某种感觉的人在某种情况下对这种感觉采取态度 A，这种特定的感觉在该种情况下才是一种快乐（或愉悦）。"[9]鉴于哲学家之间的共识，当我们批判性地评价享乐主义作为一种幸福理论的可行性时，我们将主要基于这种对快乐的主流理解。

7　Henry Sidgwick, *The Methods of Ethics*, Indianapolis: Hackett, 1981, 127.

8　Richard Brandt, *Ethical Theory: The Problems of Normative and Critical Ethics*, Englewood Cliffs, NJ: Prentice Hall, 1959, 306–307; Brandt, "Hedonism," 433.

9　Fred Feldman, "On the Intrinsic Value of Pleasure," *Ethics* 107, 1993, 452.

　　此外，我还想谈一谈费尔德曼认可的有关快乐的进一步的理论解释。作为享乐主义研究方面的专家，费尔德曼书写了大量这类文章，对其中的微妙之处颇有见地。和主流研究观点一致，费尔德曼同意所有的快乐并不都有共同的感觉。但区别于主流研究观点的是，他认为：快乐应该与我们的主观态度本身等同起来，而不是和我们对之持有喜爱态度的经历等同起来。如果快乐和态度等同起来，引发喜爱态度的相关感官体验似乎变得不那么重要。在费尔德曼看来，快乐不一定需要涉及任何感官体验。比如，当你打开你的股票账户，看到股票组合的优异的综合表现，并对这一客观事实感到开心的时候，你并没有在该时刻有任何感官体验。费尔德曼试图从态度视角来理解我们日常经历的快乐："当我们对某种事情感到高兴时，我们会以某种方式欢迎它；我们很高兴，并且往往会以某种熟悉方式表达对这一事件的积极的情感态度。"[10]我们还会在本章最后一节的批判总结中回到费尔德曼的快乐观，并将其与一些有关快乐的典型理解进行对比评价。

　　在了解了当代哲学家们对于**快乐**的主流解读后，我们需要从历史的视角来看看古典时期享乐主义的不同陈述。现在，我们先来看看古希腊伦理学家的观点。这对我们理解当代哲学家对享乐主义的解读相当有帮助。

古典享乐主义

　　伊壁鸠鲁生活在希腊化时期（约公元前 341—前 271 年），他是

10　Fred Feldman, "On the Intrinsic Value of Pleasure," *Ethics* 107, 1993, 462.

一位享乐主义者，相信我们所有行为的目的都是要获得快乐。然而，伊壁鸠鲁对快乐的理解并不典型，因为他将具有快乐的生活与通过限制欲望和消除不必要的恐惧而获得的宁静（tranquillity）联系在一起。伊壁鸠鲁的享乐主义区别于我们通常理解的将"吃喝玩乐"作为口头禅的享乐主义。后者让人联想到追求快乐的人们在无休无止的宴会上，享用大量的食物和酒；相比之下，伊壁鸠鲁的享乐主义则要克制得多，因为伊壁鸠鲁敏锐地意识到过度沉迷于肉欲快乐所带来的危害。正如他所解释的那样，"没有任何快乐本身是坏事：但获得快乐的一些方式所带来的诸多侵扰远远超过了快乐本身"。[11]

伊壁鸠鲁认为，对快乐的内在渴望是一件既自然又明显的事情，因为人们对快乐之美好的感知就像对火之灼热的感知一样直接和真切。正如特伦斯·欧文（Terence Irwin）所解释的那样："既然感官指导了我们的现实体验，那么感官下的情绪感知也应该指导我们对善恶的评判。未受到社会教化的动物和儿童有着情绪感知的自然倾向，这些生命个体对善恶的感知更加直接，没有受到错误的传统观念的影响。如果我们对情绪感知给予足够的关切，我们就会认识到快乐是首要的善，因为快乐是我们对善相关的所有自然概念的基础，并且是最终的善，因为我们所有的行动都以它为目标。"[12]然而，尽管所有这些快乐本质上是好的，伊壁鸠鲁并不认为我们应该追求所有的快乐（他也不认为所有的痛苦都应该被避免）。相反，他认为我们应该考虑什么最符合我们的长期利益，并在短期快乐和长期快乐中

11　Epicurus, "Leading Doctrines," in *Happiness: Classic and Contemporary Readings in Philosophy*, edited by Steven M. Cahn and Christine Vitrano, New York: Oxford University Press, 2008, 38.

12　Terence Irwin, *The Development of Ethics*, New York: Oxford University Press, 2007, 1:260.

做出明智的选择，避免被短期快乐蒙蔽双眼[13]。

作为古典享乐主义的代表，伊壁鸠鲁对快乐有独特的理解，因为他拒绝"挥霍和肉欲的快乐"，而偏爱一种宁静之乐。在他看来，酒肆之乐、情欲之满足、奢侈的享受并不能给人带来幸福，因为这些追求从长远来看只会带来痛苦和折磨。相反，伊壁鸠鲁认为，一个人应该通过寻求"身体痛苦和心灵烦恼的解脱"来获得宁静之乐。[14]正如雷蒙德·贝利奥蒂（Raymond Belliotti）所解释的那样："伊壁鸠鲁的幸福秘诀是健康、自我控制、独立、节制、简单、开朗、友谊、审慎、智力、审美能力和内心平静。平静、安宁、和谐的生活才是真的幸福。"

伊壁鸠鲁持有一种享乐主义的幸福观，但对于他是否也支持伦理享乐主义和心理享乐主义在学者中存有争议。例如，哲学家理查德·泰勒（Richard Taylor）将伊壁鸠鲁视为伦理享乐主义者。在泰勒看来，伊壁鸠鲁主张快乐是唯一的终极善，也是我们仅仅因其内在价值而渴望的唯一事物。此外，伊壁鸠鲁也主张，即便是认为对幸福生活至关重要的友谊和美德，也不具有本质上的内在价值，而只是作为实现愉快、宁静生活的手段而有价值。[15]正如泰勒所说："这种哲学并

16

13　然而，我不想暗示伊壁鸠鲁提倡杰里米·边沁和功利主义者所青睐的那种最大化策略。尽管一些理论家支持对伊壁鸠鲁的这种解释，但我同意朱莉娅·安纳斯的观点，认为这是一个错误。正如安纳斯所解释的那样，"我们所寻求的快乐并不像边沁所认为的那样是一种简单的感觉。快乐是我们的最终目的，因此……它必须能够组织和集中我整个生活的所有关注点和目标；它必须包含我生命中有价值的一切……一旦快乐被理解为一种古老的理论，它构成了主体的最终目的，我们就会发现它不是主体可以连贯地试图最大化的那种追求"。

14　Epicurus, "Letter to Menoeceus," in *Happiness*, edited by Cahn and Vitrano, 36; Raymond Belliotti, *Happiness Is Overrated*, Lanham, MD: Rowman and Littlefield, 2004, 23.

15　参阅 Richard Taylor, *Good and Evil*, Amherst, NY: Prometheus Books, 2000, 113–120。泰勒解释，对于伊壁鸠鲁主义者来说，"快乐是唯一最终的善，痛苦是唯一最终的恶。其他事物的好坏仅与这些有关……倘若剥夺了正义和其他公认的令人愉悦的美德，他们就没有保留任何善良"。

不是颂扬伟岸英雄人物的哲学。它自始至终都是有关自我满足，甚至略带自私的哲学。毕竟，伊壁鸠鲁之所以会如此强调友谊和美德，也只是因为它能给自我带来益处而被看作具有目的性价值。在此，个体不是出于对朋友本真的爱和关心去建立友谊，而是为了自我满足。"[16]

特伦斯·欧文给出了和泰勒相似的解释，他也认为伊壁鸠鲁反对美德和友谊具备本质上（非工具性）的善。根据欧文的说法，柏拉图和亚里士多德接受以下反对享乐主义的论点：如果美德具有非工具性的价值，享乐主义就是错误的；美德是一种非工具性的善；所以享乐主义是错误的。欧文认为，伊壁鸠鲁同意这里的第一个论证前提，但拒绝第二个前提，因为他认为美德行为是快乐的源泉，并且正是由于美德行为带来的快乐才使美德变得美好。正如欧文所解释的，美德"在纯粹因果意义上是快乐的源泉，因为美德行为本身会产生具有快乐的结果或会有助于产生这种结果"[17]。

然而，朱莉娅·安纳斯（Julia Annas）对伊壁鸠鲁有关美德和友谊的观点提出了截然不同的解释，因为安纳斯认为伊壁鸠鲁的观点并不与美德和友谊具有内在（非工具）价值的观点冲突。正如安纳斯解释的那样，"伊壁鸠鲁是在扩展快乐概念的意义……按此推论，高尚的生活是具有快乐的生活的一部分……因此，快乐，至少是构成我们最终目的的那种快乐，必然是一种可以涵盖我们因其内在价值而追求的所有事物的终极目标。所以，在某种程度上，它必须包括高尚的生活，因为这就是我们因其内在价值而追求的东西。它还

16　Richard Taylor, *Good and Evil,* Amherst, NY: Prometheus Books, 2000, 120. 另见贝利奥蒂，他反对伊壁鸠鲁主义，因为"即使是友谊也被降低为工具价值，因为其伊壁鸠鲁主义的理由是对自我有利，而不是对他人有利"（*Happiness Is Overrated,* 第 27 页）。

17　Irwin, *The Development of Ethics,* 274–275.

必须包括友谊，因为结识朋友、友谊长存就是一种高尚的生活——
我们因其内在价值而追求之"。因此，虽然伊壁鸠鲁指出我们结交朋
友是因为友谊能带来快乐，但"这不能说我们的动机是自私的，或
这是工具性地对待友谊；因为，在此，快乐的追求这个最终目的已
经扩大到包涵那种发自真心地关心他人所带来的快乐。正如伊壁鸠
鲁主义者所见，这个论点与追求美德为最终目的的论点似乎是契合
的。我们寻求的快乐得到了扩展，为了获得这一快乐，我们可以发
展真心关切他人利益等非工具性的道德行为"。安纳斯还认为，快
乐和美德是相互关联的，因为"拥有高尚的生活意味着从中获得快
乐"，"拥有快乐的生活意味着拥有高尚的生活"。[18]

根据伊壁鸠鲁的说法，我们不幸福的主要根源是恐惧引起的痛   17
苦。因此，快乐生活的关键是摆脱不必要的恐惧。伊壁鸠鲁讨论了
三种他认为在人类掌控下可以减少或消除的恐惧来源：对神的恐惧、
对死亡的恐惧和对未来的焦虑。

首先，是对神的恐惧。伊壁鸠鲁认为我们不应该害怕众神，因
为他们不知道我们的存在，也不关心我们的处境。伊壁鸠鲁通过反
思世间所存的恶行问题得出了这个结论，即一个全能、全知、仁慈
的神怎么会容忍世界上有如此多的恶行。有些人通过简单地否认神
的存在来回应恶行问题，但伊壁鸠鲁认为我们可以"通过清晰真切
的观察"了解到诸神是不朽的、至高无上的、快乐的存在个体。[19] 但
在我们的理解中，众神作为不朽和至高无上的存在这一概念还是无
法解释他们对人类世界和世界苦难的冷漠。伊壁鸠鲁通过否认天意
的存在来解释众神的冷漠；在此，否认天意即否认众神有对人类世

18 Annas, *The Morality of Happiness*, 239, 240, 341.
19 Epicurus, "Letter to Menoeceus," 35.

界进行干预和安排。伊壁鸠鲁认为，众神永远生活在另一个世界，对我们的存在没有直接的了解，因此不会干预人类世界；他们应该充当我们的道德模范，而不是我们需要害怕的对象。

其次，是恐惧的第二个来源，即对死亡的恐惧。伊壁鸠鲁认为："智者既不寻求逃避生命，也不害怕生命的终止，因为生命本身不会冒犯人，生命的缺失也并不带来恶果。正如对待食物一样，智者不追求越多越好，而是追求最能带来快乐的美食，所以他不追求长寿，而是追求最快乐的生活。"伊壁鸠鲁认为，所有的善与恶都在快乐和痛苦的感觉之中。但死亡严格来说是感觉的剥夺；当我们死后，我们感觉不到任何东西。因此，死亡不会给我们带来任何恶果，我们没有理由害怕死亡。伊壁鸠鲁的论述简洁明了："因此，死亡，众人看来最恐惧的恶，对我们来说毫无可怖之处，因为只要我们活着，死亡就不会来扰乱我们的生活；当死亡来临时，生命感知已然不存在了。"[20]

伊壁鸠鲁还用对称性论证来解释为什么我们不应该害怕死亡：思考一下在我们出生之前宇宙无限时间里所发生的无穷的事情。虽然这种生前的过去无限与死后的未来无限没有什么不同，但人们总会为身后事担忧，很少有人会被身前发生的事情所困扰。但伊壁鸠鲁认为，如果身前事因为你的不存在无法打扰到你，那么身后事也会因为你的不存在无法打扰到你，因为两者并没有显著不同。[21]

最后是对未来的焦虑，即我们是否能够持续达成我们的所欲和所求。伊壁鸠鲁认为，我们的欲求在幸福生活中发挥着关键的作用，因为它们在得到满足时可以是快乐的来源，而在无法得到时带来痛

18

20　Epicurus, "Letter to Menoeceus," 35.
21　Annas, *The Morality of Happiness*, 346; and Irwin, *The Development of Ethics*, 269.

苦。如果满足欲求会带来快乐，那么享乐主义者应该会建议我们尽可能去满足欲求，从而获得最大化的快乐体验。伊壁鸠鲁建议对那些在他看来是"自然且必要"的欲求采取此种态度，例如对食物、水和庇护所的欲求。这些欲求对于我们的生存至关重要，并且在无法达成时会产生极大痛苦。由于此类基本欲求本质上有限度并且相对容易实现，伊壁鸠鲁说我们应该尽可能地满足它们。

然而，我们的有些欲求对生存而言并非必需，只是满足个人的享乐，例如去度假、去高档餐厅吃饭和拥有名牌手袋。伊壁鸠鲁将这些欲望称为"自然但不必要"，因为它们属于放纵一类的享乐。除了相较基本欲求难以达成之外，这些欲求也存在缺乏满足上限的问题。满足这些欲求可能会带来快乐，但它们也会提高自我满足的期望值，从而增加继续满足这些欲求的难度。[22] 伊壁鸠鲁所说的虚荣欲求也存在类似的问题，其中包括对名誉、权力和财富的渴望。虚荣欲求也是无限的，因为一个人永远不会满足于任何权力、名誉或金钱。伊壁鸠鲁建议我们不要努力追求并满足这些不必要的虚荣欲望，而应尽力消除它们。在他看来，人们将自己的欲求减少到最基本的必需品是实现满足的唯一方法。如其所述，"如果你想让皮索克勒斯 * 变得富有，就不要给他更多的钱；相反，你需要减少他的欲求"[23]。

综上所述，伊壁鸠鲁获得幸福的策略包括避免不必要的痛苦，

22　一个相关的问题是适应，或者心理学家所说的"享乐跑步机"，当我们不可避免地习惯了我们所经历的任何快乐，从而让我们渴望更多时，就会发生这种情况。

*　在伊壁鸠鲁的著作中，皮索克勒斯（Pythocles）通常被引用为一个虚构的人物，用来表达一些哲学观点或思考。在《写给皮索克勒斯的信》中，伊壁鸠鲁表达了有关友谊和幸福生活的哲学观点。——译注

23　Tim O'Keefe, "Epicurus," in *The Internet Encyclopedia of Philosophy*, http://www.iep.utm.edu/.

即对神的恐惧、对死亡的恐惧和对未来的焦虑三大痛苦来源的深刻反思，以及享受满足必要欲求所带来的简单快乐。伊壁鸠鲁推荐的生活方式是相当禁欲的，他实现幸福的策略侧重于避免痛苦而不是增加快乐。伊壁鸠鲁相信苦行生活仍然可以带来一种快乐。他解释道："当所有因欲求而产生的痛苦都被消除时，粗茶淡饭给我们带来的快乐与山珍野味相同。当欲求简单且自然的人将面包和水放到嘴边时，他们也会体会到最大的快乐。因此，习惯简单而不奢侈的饮食可以使我们获得充分的健康，并使人对欲求驱使的生活保持警觉。"[24]

最近关于幸福的实证研究，为伊壁鸠鲁关于如何实现幸福的一些主张提供了支持。例如，尽管美国的生活水平在过去五十年里提高了一倍多，而且各经济领域的实际收入都大幅提升，但自20世纪50年代以来自称"快乐"的人的比例却没有增加。根据一些调查，过去三十年美国人对自己的生活满意度有所下降。[25] 更糟糕的是，随着民众生活水平的日益提升，反映国民不幸福程度的抑郁症发病率稳步上升。尽管美国已经成为一个富裕的国家，普通人现在也能买得起许多曾经专属于富人的奢侈品，但数据显示，我们并没有因为这些进步感到更加快乐。

格雷格·伊斯特布鲁克（Gregg Easterbrook）将这种现象称为"进步悖论"。他谈到，自第二次世界大战结束以来，"人均收入、'实际'收入、寿命、房屋面积、家庭汽车拥有量、每年拨打的电话、每年进行的旅行，获得的最高学位、智商分数，几乎所有这些社会福利的客观指标在两代人的时间里几乎不间断地呈上升趋势……但幸福的趋势线五十年来一直持平。认为自己'非常快乐'的美国人

---

24 Epicurus, "Leading Doctrines," 36.

25 Layard, *Happiness*, 29; Gregg Easterbrook, *The Progress Paradox*, New York: Random House, 2003, xvi.

数量是下降的，该群体比例自 20 世纪 40 年代以来一直呈现下降趋势……根据人口增长进行统计调整后，当今西方国家患有'单相'抑郁症或呈现无特定原因的持续不良情绪的人数是半个世纪前的十倍。具有讽刺意味的是，美国人……能拥有的一切都变得越来越多，但幸福除外"。[26]

一些研究发现，人际关系质量与幸福呈正相关。伊壁鸠鲁强调友谊的重要性，他认为友谊对于过上平静的生活至关重要。他论述道，"在智者看来，在人们过上一种完整而美满的生活所需要的众多事物中，其价值远超其他的就是友谊"[27]。根据调查，85%的美国人表示他们希望能花更多时间与家人在一起。研究表明，在富裕国家中，美国人的工作时间最长，特别是与欧洲人相比。而美国人的幸福感自 1975 年以来一直停滞不前，欧洲人的幸福感却在稳步上升。[28] 美国人似乎陷入了赚钱和购买奢侈品之间恶性循环的陷阱，这迫使我们需要不断去赚更多的钱来维持奢侈的生活方式。然而，满足自然但不必要的欲求并不会让我们更快乐。伊壁鸠鲁建议我们停止与欲求进行这场必败之战，而应该去消灭欲求。通过减少对奢侈品的依赖，我们能够减少工作时间，更多地专注于做我们真正喜欢的事情，比如与朋友和家人共度时光。

现代享乐主义

杰里米·边沁（Jeremy Bentham）和约翰·斯图尔特·密尔

26　Easterbrook, *The Progress Paradox*, 164.
27　Epicurus, "Leading Doctrines," 39.
28　Layard, *Happiness*, 50–51.

（John Stuart Mill）是 18 世纪到 20 世纪初颇有影响力的两位著名道德哲学家，他们都将幸福等同于快乐。边沁和密尔都推崇功利主义（utilitarianism），即把幸福视为道德基础的道德哲学理论。为了充分理解他们对幸福的看法，让我们来了解一些有关功利主义的哲学知识背景。简言之，功利主义者认为，如果一种行为能够最大程度地提高受该行为影响的每个人的幸福（或快乐），那么它在道德上就是正确的。功利主义者认为，行为的后果决定其道德价值。他们着眼于每个可能的行动方案所产生的幸福总量（the total happiness）；其中，幸福总量是指受该行动影响的每个人的幸福（或不幸福）的总和。功利主义者认为，产生最大幸福（或最少不幸福）的行为就是道德的行为，是每个人都应该实践的行为。

先来看看边沁的幸福观，他的幸福观是两者中较简单的那个。其核心观点是幸福无非就是处于正确的精神状态，即只有快乐没有痛苦。边沁论述说："大自然将人类置于**痛苦**和**快乐**这两个至高无上的主人的统治之下。只有这两者才能告诉我们应该做什么，并决定我们应该做什么。无论是对错的标准，还是因果的链条，都牢牢地受到这两位主人的控制，不得解脱。"[29] 从这句话中，我们可以看到，边沁除了认同功利主义之外，他还赞同伦理享乐主义和心理享乐主义。他认为快乐是我们一切行为背后的最终动机，也是衡量善与恶、对与错的标准。

21

边沁认为，所有的快乐都是同质的感官体验，只有量的差异。因为所有的快乐在性质上都是相似的，所以边沁认为所有的快乐都是好的，无论它们的来源如何。边沁提出了一种"幸福演算"（hedonic calculus）方法，这是一套用来评估任何行为所产生的总快

29　Jeremy Bentham, "An Introduction to the Principles of Morals and Legislation," in *Happiness*, edited by Cahn and Vitrano, 99.

乐值的测量标准。边沁相信，我们可以为每一个行为所产生的快乐赋予一个数值，从而使我们能够对它们进行比较。按照幸福演算测量标准，他列出了不同类型快乐的数量值，其中包括它们的强度、持续时间以及某种行为会产生快乐的确定性。边沁的幸福演算还试图考虑一种感官体验之后是否会带来更多快乐的可能性。因此，综合考虑下，人们可能会选择一种强度一般的快乐，但它更有确定性并且持续时间更长。比如人们会倾向于选择存钱带来的确定性快乐而非花钱买彩票这种不确定性极大的快乐。一个人也可能为了获得长期的快乐而忍受短期的痛苦，比如为了实现成为一名医生的梦想而接受医学院求学苦读的痛苦。

我们可以举例来看边沁的幸福演算在生活中的应用。假设我姐姐这个周末需要搬出她的公寓，而我不大情愿地同意帮助她搬家，因为我讨厌搬重物。恰好有一位朋友邀请我去她的海滨别墅过周末。我的问题是，如果我帮我姐姐搬家，我就没法去欢度周末。从道德上讲，功利主义者会建议我应该怎么做呢？

功利主义者认为，我应该着眼于每种可能性所产生的幸福总量。根据边沁幸福演算的设定，我可以为每个受影响的人的幸福（或快乐）分配一个数值。为了简单起见，我们假设唯一受影响的两个人是我姐姐和我自己。在第一个场景中，我决定信守诺言：我帮助姐姐搬家，她则会非常感激我的决定；虽然我对错过在海滨别墅的周末感到有点难过，但帮助姐姐让我感到开心。在这种情况下，我姐姐的幸福感增加了 10 个快乐单位，而我的幸福感增加了 1 个快乐单位。在第二种情况下，我违背了我的诺言，我的姐姐则非常不满，这令我很难完全享受在海滨别墅的度假时光，因为我对违背诺言感到内疚。在这种情况下，我姐姐的幸福感减少了 10 个快乐单位，而我的幸福感则增加了 3 个快乐单位。如果我们比较两种情况下产生的幸福总量（第一个场景产生 11 个快乐单位，第二个产生 −7 个快乐单位），那么功利主义者会明确建议我应该帮助我姐姐搬家，因为这种情况下产生的幸福总量最大。

边沁认为所有的快乐在性质上都是相似的，他不认为与智力相关的快乐优于与身体相关的快乐。将所有快乐视为同质，意味着一个人从阅读小说、写诗或演奏乐器中获得的快乐在本质上与一个人从闲聊八卦、接受按摩或吸食大麻中获得的快乐没有什么不同。一些批评者认为，功利主义对快乐的这层解释令人不安，因为这意味着卑鄙、有辱人格或肤浅的活动与培养思想和才能发展的活动在道德考量上没有区别。有人则表示反对功利主义，因为功利主义暗示人类生命除了追求快乐之外没有更高或更崇高的目的，这贬低了人类价值。这些批评人士呼吁，这个理论适用于猪或任何其他动物，但不适用于人类。[30]

密尔对这些批评的回应是，这与对伊壁鸠鲁学派发起的攻击是一样的，而伊壁鸠鲁学派做出了一个简单且聪明的反驳。与伊壁鸠鲁学派一样，密尔驳斥道，批评者将人类的生命贬斥为猪的生命，因为反对者假设在和动物的比较中人类无法获得更高级、更深刻的快乐，但人类显然可以享受许多动物无法获得的快乐体验，因为我们有更高的认知能力。尽管我们的智力能力使我们在对幸福的追求上面临更复杂的境况。但密尔认为，没有人愿意放弃这种追求，因为"人永远不会真正希望陷入一种低等的存在"。密尔继续解释道："没有一个聪明的人会甘心做傻瓜，没有一个受过教育的人会愿意成为一个无知的人，没有一个有感情和有良知的人会选择自私和卑鄙，即便是在他们会同意傻瓜、笨蛋或流氓可能会比他们对自己的处境感到更满意的情况下。"[31]

30　John Stuart Mill, "Utilitarianism," in *Happiness*, edited by Cahn and Vitrano, 122.

31　Ibid., 123.

　　密尔还认为，快乐之间存在内在差异，这使得某些快乐比其他
快乐更有价值。密尔指出，并非所有的快乐都是同质的，功利主义　23
者的演算应该考虑质和量的差异。密尔认为，运用智力带来的快乐
比身体感觉产生的快乐更好，因为它利用了我们人类特有的高级能
力。当试图确定一种快乐是高级还是低级时，我们应该问这是不是
动物也能感受并欣赏的快乐？如果不是，那这可能是一种更高级的
快乐。因此，研究哲学、创作艺术品或演奏乐器等活动属于更高级
的快乐。人们在吃、喝或交媾时经历的身体感觉则属于较低级的快
乐。密尔有关快乐在质性上的高低之分的观点主要尝试说服那些经
历过这两种快乐的人，因为他认为，经历过这两种快乐的人都不会
愿意用高级快乐来交换任何数量的低级快乐，即使高级快乐的获取
来得更加困难。正如密尔所说："做一个不满足的人，比做一头满足
的猪要好；做一个不满足的苏格拉底，胜过做一个满足的傻瓜。如
果傻瓜或猪有不同意见，那是因为他们只了解自己所在的生活。井
底之蛙如何得见快乐的高低之别。"[32]

　　密尔认为，人类所拥有的高级智慧是我们自豪感的来源，也是
我们热爱独立和自由的原因，最重要的是，这给人类且只给人类带来
了尊严感。他相信，通过智慧修习和志趣提升，我们能够欣赏到一个
从自然世界到人类历史的无穷无尽的美妙世界。因此，密尔总结说：
"在一个有如此多奇妙事物、如此多志趣享受可能、如此多需要研究改
进事物的世界，每个拥有一定道德和智力要求的人都有能力过上一种
令人羡慕的生活。"[33]

　　32　John Stuart Mill, "Utilitarianism," in *Happiness*, edited by Cahn and Vitrano, 123–124.

　　33　Ibid., 127.

当代享乐主义

　　尽管享乐主义在很大程度上已不再受到当代理论家的青睐，但我们仍将重点关注两位倡导享乐主义的哲学家。韦恩·戴维斯（Wayne Davis）将幸福区分为发生型幸福（the occurrent senses of happiness）和性情型幸福（the dispositional senses of happiness）。[34] 根据戴维斯的说法，一个人当下正在经历或感受到的幸福就是发生型幸福。这一点很明显，因为这个时刻她在微笑，她感觉良好，或者她精神状态很好。戴维斯将发生型幸福等同于快乐。而当一个人经常能感受到当下发生的事件带来的快乐，这意味着一个人经常感到快乐，那么这种幸福可以被理解为性情型幸福。性情型幸福意味着一个人更有可能过上快乐的生活。戴维斯认为，仅仅经历当下的幸福并不足以获得性情型幸福，因为一个无家可归的人也可以享受喝一杯咖啡的短暂快乐，但这并不意味着他过着快乐的生活。另一种情况是，尽管一个人没有经历过发生型幸福，但他也可以是性情型幸福的人。比如，当轮胎漏气时，你可能在当下是不快乐的，但这一偶发事件并不足以让你过上不快乐的生活。然而，作为享乐主义的信徒，戴维斯坚信，拥有快乐的生活无非就是拥有尽量多的快乐经历，因为一个人经历的快乐越多，她的生活就会越快乐。

　　另一位当代哲学家弗雷德·费尔德曼（Fred Feldman）提出了他所谓的态度型享乐主义。此观点将各种快乐体验视为我们对所经历事物的"亲态度"（pro-attitudes）。说某人正在经历态度型快乐（attitudinal pleasure）就类似于说她"非常享受，对此感到高兴，为

24

34　Wayne Davis, "Pleasure and Happiness," *Philosophical Studies* 39 (1981): 305–317.

它正在发生而感到愉悦，为它感到欣喜"[35]。因此，在费尔德曼看来，一个人在特定时刻的幸福感等于她从当时活动中获得的快乐减去她所获得的不快乐。简言之，"某一时刻感到快乐就是指在那一刻的活动中获得的快乐多于不快乐"[36]。

我们现在已经回顾了三个历史上的享乐主义哲学代表人物（伊壁鸠鲁、边沁和密尔）以及两个当代支持者（戴维斯和费尔德曼）的观点。接下来，我们准备评估这种享乐主义观点可否作为一种可行的幸福理论。

我们应该接受享乐主义的幸福观吗？

我们可以先从卡森对享乐主义主要论点的简述切入这个问题。享乐主义普遍认为，"所有的快乐体验都有助于一个人的幸福，而所有的痛苦和不快乐体验都会减损一个人的幸福"。[37] 首先，我会对上述论点提出两个方面的反驳，涉及的案例主要试图说明两种反例，即在幸福感没有增加（甚至不幸福感增加）的情况下的快乐体验，以及在快乐体验没有增加（甚至痛苦或不快乐体验增加）的情况下幸福感增加的例子。

第一个例子试图证明并不是所有的快乐都有助于幸福，从而对享乐主义者的核心论点提出直接驳斥。一般来说，吃巧克力蛋糕对我来说是一种非常享受的经历。吃蛋糕的行为对我而言是一种快乐

35　Fred Feldman, *Pleasure and the Good Life*, New York: Oxford University Press, 2006, 56.

36　Fred Feldman, *What Is This Thing Called Happiness?*, New York: Oxford University Press, 2010, 110, 137.

37　Carson, "Happiness and the Good Life," 78.

体验，因为我对此种体验持有积极的态度。这意味着我喜欢这种体验，并且每当我放纵享乐于此时，我总是希望延长这种经历。但是，我刚刚制定了新的饮食计划，正在试图改善自己的饮食习惯。我的计划是显著减重并过上更健康的生活。对我而言相当糟糕的是，这种健康的生活方式不允许我吃巧克力蛋糕。如果我继续沉浸于吃蛋糕的愉悦体验中，我会变得不快乐，并后悔没有更强的意志力执行计划。吃蛋糕的体验不会有什么不同，因为美味总是诱人且带来令人愉悦的感受。然而，这种快乐体验不会给我带来幸福，反而会增加我的不幸福感。如果我抵制住吃蛋糕的诱惑，拒绝此种快乐体验，坚守计划，我会因此感到快乐，因为我将成功地实现我的减肥目标并过上更健康的生活。这个例子表明，我的幸福与快乐体验可以完全不相关。甚至，在这种特定的情况下，拒绝这种快乐的体验促进了我的整体幸福。

此外，克制欲望的行为本身是一种不愉快的经历。我希望我能吃蛋糕，尤其是当我看到其他人都享受其中时。享乐主义的核心论点认为，这种不愉快的经历应该会降低我的幸福感，但事实并非如此。相反，它有助于提升我的整体幸福状态。因此，快乐的心理状态不能等同于（或简化为）快乐的体验，因为许多快乐体验不会带来幸福，而一些不愉快的经历则反而会促进幸福。

享乐主义的幸福观过于简单化了，因为一个人的幸福比其体验到并希望延续的一种当下发生的精神状态要复杂得多。幸福似乎涉及一个人对生活的更全面的态度，这种整体态度需要评价一个人的当下体验如何融入她的整体生活。虽然这种整体态度往往会受到愉快或不愉快经历的影响，但它不能与这种直接的当下体验等同。

另一个例子也可以佐证对这一享乐主义幸福观的批驳。假设一个人参加了一场高尔夫锦标赛，她在比赛中远远落后于其他参赛者，最

终仅获得最后一名。输掉比赛的经历本身很不愉快，但这并不会让她 26
感到不快乐。失败甚至不会显著降低她的幸福感，因为她并不期望获
胜。相反，她对自己的表现感到非常满意，并为自己参加了正式比赛
感到高兴。尽管倒数第一的经历并不愉快，但她仍然感到快乐。

　　从直觉层面来讲，幸福和快乐也有很大不同。对于感官快乐的
体验，我们的目标是体验本身，比如我们吃冰激凌是因为我们感受
到的感官愉悦。幸福则是一种更深层次的情感，超越直接感官体验。
对我们有意义的经历会让我们感到快乐，而意义不大或没有意义的
经历仍然可以让我们体验到快乐。例如，当你送我玫瑰花时我体会
到的幸福与我闻到玫瑰花香时的快乐截然不同。快乐是我当下享受
其中的感官体验，而我感受到的幸福则来自我感知到你对我的关
心。丹尼尔·海布伦（Daniel Habron）也曾论及类似的问题，那就
是享乐主义过于宽泛，因为它将各种转瞬即逝、琐碎的快乐都一概
视为对幸福的有益贡献。然而，正如海布伦指出的那样，有许多享
受，例如"吃饼干、听一首好歌、男女之欢、挠痒痒、解字谜和踢
足球"，可能不会对一个人的整体幸福水平产生丝毫影响。[38]

　　L.W. 萨姆纳（L.W.Sumner）对痛苦本质的常识性观点讨论提
到了类似上述概念差异性的问题，可能有助于理解为什么享乐主义
的幸福概念对普通人来说具有吸引力。萨姆纳指出，"痛苦通常（但
不一定）伴随着恐惧、焦虑、愤怒、侮辱、抑郁或绝望的感觉"。[39]
按常理说，**快乐**与这些负面情绪无法相容，快乐通常与一些积极情
绪相关联。如果痛苦产生的感觉湮没了幸福，人们可能会趋向于这

38　Daniel Haybron, "Why Hedonism Is False," in *Happiness*, edited by Cahn and
Vitrano, 174.

39　L. W. Sumner, *Welfare, Happiness, and Ethics*, New York: Oxford University Press,
1996, 102.

样的论断：快乐一定会产生幸福，或者幸福等同于只有快乐没有痛苦。然而，该论断的主要问题是，除了对**快乐**这个词的日常理解之外，我们也认可，在没有快乐且存在痛苦的情况下，依然还存在幸福，因此幸福和快乐两个概念并不是对等可替换的。

来看另一个例子。黛比最近得知自己怀孕了。经过近一年的备孕，她几乎放弃了生孩子的希望。现在，她对自己即将成为母亲的消息感到欣喜若狂。然而，黛比有严重的孕吐，导致她大多数早晨只能卧床休息。这种恶心和头晕的孕吐经历困扰了她几个月。她经常无法进食，并且大部分时间都感到不舒服。说她不喜欢怀孕过程都无法准确描述她怀孕经历的痛苦和煎熬。虽然这次怀孕从过程体验来看很不愉快，有时甚至很痛苦，但她一生中从未如此开心。更重要的是，说她是"开心"的这一表述是恰当的，也完全符合我们平常对这个词的用法。

在其他一些情况下，人们愿意为他们所爱的人做出巨大的牺牲，例如同意接受器官捐赠手术。捐赠者不仅会面临与手术相关的风险，而且还要经历相当长的恢复时间，这个过程可能会非常痛苦。据此情况，我们是否可以推断捐赠者由于手术相关问题感到不快乐，或者如果她不同意捐赠手术的情况下可以更加快乐？然而，捐赠者事先完全了解手术的风险和问题，但她仍然同意捐赠手术。很明显，原因之一是捐赠者一想到自己能够挽救所爱之人的生命就感到快乐。尽管器官捐献者经历了手术以及随之而来的巨大痛苦和焦虑，但称其因能挽救亲人的生命而感到快乐符合通常的说法。

海布伦从另一个角度对享乐主义提出了驳斥，即享乐主义使幸福成为一种"本质上是事件性、片段性和回顾性的现象"[40]。从享乐

---

[40] Haybron, "Why Hedonism Is False," 175.

主义视角来看，所有的幸福都来自行为主体从已经经历的事件中获得的感受。享乐主义幸福观没有为我们提供将来的图景，也不保证这种感受的稳定性。这曲解了我们通常对幸福这个概念的理解，因为除了告诉我们此人当前的情绪感受外，幸福还包含一层有关此人对生活总体看法的意思。说某人快乐既是在描述她此刻的经历和感受，同时也让我们预知她不久之将来的生活感受。如果一个人知道末日即将来临，在那个当下她应该不会感到快乐；相反，她会为未来感到担心不已。但是快乐的运作方式刚好与之相反。了解某人最近经历过的一些令她很享受的时光并不能告诉我们她现在或未来的状态，而只能告诉我们她过去的经历。

知道一个人是快乐的也能让我们做出有关此人的行为预测，而这种预测无法从了解此人的各种快乐体验中得出。如果我知道你为获得职位晋升而感到快乐，那么我预判在见到你时你一定有一个好心情。我当然不认为你最近会带着沮丧的心情下班回家。另举一个例子，如果你的儿子因不及格而辍学，而我知道你相当重视孩子的教育，我可以预见你在听到孩子辍学的消息后会不开心。人们会因生活中的重大事件而感到开心或不开心。在许多情况下，人们的幸福感并不因为拥有快乐体验而产生。尽管知道昨晚你享受了美食，还做了按摩放松，我们还是无法对你当前的整体精神状态做出任何假定性判断。正如海布伦指出的那样，幸福这一概念"不仅告诉我们相关行为主体的经历及历史，还告诉我们他们当前的状况和将来一段时间内的情绪倾向。它具有前瞻性"。因此，享乐主义观点曲解了我们对幸福的通常认知。[41]

对于上述批判意见，也许享乐主义者可以通过诉诸之前论及的

28

41　Haybron, "Why Hedonism Is False," 176.

来自费尔德曼的对快乐的另一种解释来回应。这一派享乐主义者可能会争辩说，我提出的反例仅表明了所谓"感官享乐主义"的不足。在伊壁鸠鲁、边沁和密尔中可以找到"感官享乐主义"的立场，卡森则重申这一传统观点。但也许像费尔德曼这样支持"态度享乐主义"的人可以避开这些批判意见。在费尔德曼看来，快乐不是感官感受，而是我们对事物所采取的"亲态度"。说某人正在经历态度上的快乐，就相当于说她对"某些事情感到高兴"或者她从"某些状态中获得快乐"。费尔德曼称态度愉悦就类似于下面的情感态度表达，比如"非常享受，对此感到高兴，为它正在发生而感到愉悦，为它感到欣喜"。[42]

据此，态度享乐主义者可能会反驳说，我提及的巧克力蛋糕和经历孕吐的女人的例子无法批驳态度享乐主义，因为你在这些情况下经历的态度愉悦可以反映你的价值观或对你来说重要的东西，而并非仅指你经历中享受或不享受的感官感受。例如，如果你看重健康饮食，那么你对吃巧克力蛋糕就**不会**抱有正面的态度。因此，态度享乐主义者在这种情况下得出了正确的结论：吃蛋糕并不会增加你的幸福感。类似的论证也适用于孕吐的女性：虽然怀孕很痛苦，但她想要孩子的愿望很强烈，并且对怀孕持积极的态度。因此，态度享乐主义者会将怀孕视为一种态度上的快乐，并认为它有助于提升幸福感。

29　　作为回应，我认为态度享乐主义仍然无法令人信服，因为我可以举出很多例子，说明在态度上令我高兴与否的事情对我的幸福完全没有影响。一起来看几个例子。比如，我会很高兴看到在非洲和

　　42　Feldman, *What Is This Thing Called Happiness?*, 109; Feldman, *Pleasures and the Good Life*, 56.

中东举办的民主活动，尽管我并没有任何住在那儿的亲戚或朋友。又如，我可能很享受阅读有关弹劾腐败政客的报道，即使该政客来自和我毫无关系的另一个国家。得知巴西将主办世界杯也可能会令我很欣喜，尽管我对足球不感兴趣，也与巴西没有个人联系。在以上所有情况下，我可能都体验到"态度型快乐"，但这些情况都不会对我目前的幸福水平产生任何影响。很显然，核心问题在于态度享乐主义把网撒得太宽了，因为它认为每一种积极的态度都有助于提升一个人目前的幸福水平。但一个人可以对许多与之关系疏远，并不足以影响他的幸福，且不那么重要的事情抱有积极的态度。也许我只是对能支持民主活动感到高兴，因为我相信民主是一种更好的政府组织形式。如果我与非洲和中东的任何人都没有任何关系，为什么我们应该假设这种积极态度会提高我的幸福感？

再比如，人们每天在报纸、电视和互联网上读到各种故事。其中许多故事都会引起读者积极或消极的情绪态度。是否真的可以说这些牵动人心的故事也对你的幸福水平产生了影响？当我们试着反思那些可能激发我们积极态度的琐碎、无意义的事件时，比如好莱坞名人夫妇分手的八卦故事或碧昂丝在格莱美颁奖典礼上的惊艳表演，态度享乐主义的幸福观就显得有些古怪了。

当我们考虑电视节目、电影和小说中虚构人物所激发的情感反应时，态度享乐主义的问题变得更为明显。我们在观看这些娱乐节目的过程中会情不自禁地投入情感，甚至会和角色人物感同身受。当我们喜欢的角色赢得佳人怀抱的时候，我们会感到高兴；同样，看到剧中坏人得到应有报应的时候，我们也会感到欣慰。这些都是正常的情绪反应。尽管剧情故事可以引起我们的共情，但估计没人会说他们的个人幸福水平受到剧情变化的影响。

再举一个例子。我最近读到了一起可怕的虐待儿童案件，我　　30

发现这个案件特别令人不安，因为它涉及一个与我儿子年龄相仿的小男孩。虽然我在读这个故事时经历了很多"态度型的不快乐"（attitudinal displeasure），但这并没有影响我的幸福水平。这个男孩的悲惨故事虽然读起来极其令人不快，但这终究与我或我所爱的人无关。世界上发生了很多我不喜欢的事情，但这些事件中只有很小部分事实上会对我的幸福水平产生影响。尽管享乐主义者就体验积极态度有助于幸福的观点是有一定道理的，但他们的错误在于将每一种积极态度都视为对幸福的贡献，而将每一种消极态度视为对幸福的消减。

如果享乐主义的幸福观存在如此多的漏洞，人们可能会疑惑为什么享乐主义在整个哲学史上得到了如此杰出的众多思想家的认可。究其原因，享乐主义的一大好处是它使幸福易于量化，而对于功利主义者（他们认为能产生最多幸福的行为即是道德正确的行为）来说，量化很重要。正如泰勒所解释的，一些哲学家"希望将幸福视为一种熟悉的、可识别的，甚至可测量的东西，而不是一种有问题或可疑的东西。快乐作为一种真实且普遍的感觉，当然是熟悉的、可识别的，原则上似乎没有理由不去测量它"[43]。

享乐主义另一个具有吸引力的原因是，它强调乐趣（enjoyment）在一种快乐的生活中的重要性。设想一位从日常活动中完全得不到乐趣的女士，她害怕早上醒来，因为她发现自己的生活单调乏味且沉重。我们可以想见这位女士是痛苦或沮丧的，完全不会用快乐来形容她。临床抑郁症被定义为一种无法感受或体验快乐的状态，这意味着抑郁症患者无法从她通常喜欢的任何活动中获得快乐。如果抑郁（这显然是一种不幸福的状态）被定义为无法体验快乐，那么

43　Richard Taylor, *Virtue Ethics*, Amherst, NY: Prometheus Books, 2002, 109.

很自然，抑郁的反面，即体验快乐，就应该等同于幸福。问题在于，一个人的幸福比简单地将她的快乐体验相加然后减去她的痛苦体验所得结果要复杂得多。正如所有反例所示，某些快乐体验不会带来幸福，而某些痛苦体验反而会提升幸福。

　　尽管我们应该拒绝享乐主义者对幸福的解释，但我们不应该忽视其积极贡献。享乐主义选择了正确的话题，不可否认，幸福是一种精神状态，并往往受到一个人的快乐和痛苦体验以及积极和消极态度的影响。幸福是一种更加错综复杂的现象，而享乐主义者的错误是将幸福简化为快乐体验。

　　在接下来的两章中，我们将讨论起源于古希腊伦理学家，至今仍然流行的另一种幸福观，即把幸福等同于美德。

31*

　　＊　原书注释为章后注，该丛书统一处理为页下注，所以，本书的页边码在有些部分是不连续的。——编注

第二章

Chapter 2

幸福即美德：柏拉图和斯多葛学派

幸福可以从拥有美德（或道德卓越）的生活中获得的观点起源于古希腊和古罗马的伦理学家，这种观点对许多当代哲学家思考幸福的方式产生了很大的影响。在我们涉足不同幸福理论之前，我们必须首先阐明美德（virtue）这一概念，因为理解美德概念的内涵对于批判性地评估幸福即美德这一观点至关重要。如今，人们在日常对话中很少触及"美德"这个词，我怀疑这个词在哲学课堂之外很少被使用。朱莉娅·安纳斯（Julia Annas）称我们日常生活中对美德的理解是"无组织的"和"混乱的"，她认为我们对此的直觉"既模糊又相互矛盾"。伯纳德·威廉姆斯（Bernard Williams）指出："'美德'这个词在很大程度上已经带有滑稽或其他不良的联想，现在除了哲学家之外很少有人使用它。"[1]

1　Julia Annas, "Virtue and Eudaimonism," in *Happiness: Classic and Contemporary Readings in Philosophy*, edited by Steven M. Cahn and Christine Vitrano, New York: Oxford University Press, 2008, 246; Julia Annas, *The Morality of Happiness*, New York: Oxford University Press, 1993, 5.

坦白说，学哲学之前，我对这个词的含义只有相当模糊的理解。我仍然记得在本科生伦理学课程上，教授问了我们一个简单的问题："什么是美德？"当时我的大脑一片空白，我唯一能想到是耐心是一种美德，全然不知这一解读背后有什么隐含意义。现在，当我教授伦理学时，我总是会问我的学生们同样的问题，想看看他们会如何反应。通常，我的问题会遇到一些茫然的目光（其他人则会刻意移开视线）；有时，较有勇气的学生会冒险提出美德与耐心有关。我认为这种回答至少也算是像样的思考。但当进一步追问时，即使是较有勇气的学生通常也会放弃，无法说出任何有关美德的进一步意思。

更令我惊讶的是，美德的反面——恶习（vice）这一概念在日常使用中的状况似乎也好不到哪儿去。例如，我经常阅读《纽约时报》（New York Times）商业版的每周专栏，其中有一个专栏主打对航旅常客的采访。专栏记者在采访最后总是会问受访者"你有什么个人机场恶习？"很多时候，回复都和大家期待听到的差不多，例如在机场吃大量垃圾食品、阅读小报以及在机场礼品店花太多钱。但也有一些答案完全不符合恶习这个说法，例如"我使用耳塞"、"我服用药物来帮助我休息"或"我与空乘人员攀谈"，这些答案表明受访者可能没理解这个单词。我也尝试问我的学生们有关恶习的问题，我认为这是一个比美德更有认知度的概念，可以用它来介绍美德的概念。但我得到的一些模糊的回答通常涉及基督教的七宗罪（其中懒惰似乎是唯一一个大家都能记住的罪），我怀疑电影《七宗罪》（Seven）对这些弱联想起到很大的作用。

那么，回到正题，什么是美德？为什么它对古代伦理学家们如此重要？让我先从广义上给出有关美德的概述，在本章剩余部分和下一章中我会讨论柏拉图、斯多葛学派和亚里士多德有关美德的经典陈述，从而丰富这一概念的细节内容。简而言之，美德是人们所具有的良好品格，例如诚实、慷慨、节制、勇气，当然还有耐心，这些品格使具备美德的人以我们认为令人钦佩或值得称赞的方式行事和生活。安纳斯将美德描述为"深入人心的东西，与个体性格有关"。在安纳斯看来，美德包括两种能力，它们是"在生活实践中，共生交织在一起的。一是以道德上正确的方式反思推理的能力……二是养成以正确的方式感受和反应的能力，即按照上述反思推理的方式行事"。[2]

　　要充分理解为什么美德对古代伦理学家如此重要，我们必须首先看看他们究竟想要回答什么问题，因为他们对待伦理问题的初衷与我们今天理解道德的方式截然不同。对于当代人来说，伦理（ethics）或道德（morality）是什么？我不确定大多数普通人是否对道德这一概念有全然的了解，毕竟大部分人都没有系统学习过哲学。但我可以从与我的本科生讨论中获取一些信息，侧面了解当代人对道德的一些理解。我通常喜欢在伦理学的第一堂课上开展一个自由联想的小讨论。我会把**伦理**和**道德**这两个词写在黑板上，并解释说这两个术语通常被认为是同义词。然后，我会问我的学生，当他们看到这两个词的时候，他们会想到什么？通常，第一个发言的学生会提到"对与错"，然后会有学生陆续提出正义、法律、规则和惩罚等相关概念。大家也通常会提到宗教，有时也会谈到一个人的良心和情感，比如内疚感。但几乎没有学生提到过古代伦理学家所关心的事情，比如一个人的性格或价值观；也没有学生会联想到美好的生活、幸福或美德。然而，**伦理**一词实际上源自希腊语 ethos，意思是"品格"（character）或"习俗"（custom），任何古代伦理学家的主要任务就是思考一个人应该如何生活，包括应该采用哪些价值观

35

2　Annas, "Virtue and Eudaimonism," 247–248.

和原则。古代伦理学家对提出正式的理论来告诉我们哪些行为在道德上是对或错并不感兴趣；相反，他们感兴趣的是如何实现幸福并过上美好生活的问题。

幸福是许多古希腊伦理理论的核心，这些理论将幸福视为所有人类行为的终极目的（他们称之为"telos"）。安纳斯对我们的终极目的做出了言简意赅的描述："当我们暂停忙碌的工作和生活，反观这种习以为常的忙碌，并反问为什么我们要忙碌这一切时，我们并没有得到令人满意的答案，直到我们触及这一终极目的，因为正是这一终极目的让一切的忙碌有了意义。"[3]对于古代哲学家来说，幸福自然就是这个终极目的，因为幸福是我们所有人都想要的东西，他们相信对幸福的追求驱动着我们所有的选择。然而，大多数人完全不知道真正带来幸福的是什么，他们一生都在追求错误的东西，错误地相信这些东西会带来幸福。古代哲人的书籍可以被看作有用的指南或手册，提供如何避免这些错误并过上幸福生活的建议。

36　　尽管古代伦理学家对美德与幸福之间的确切联系存在分歧，但他们一致认为，美德是幸福生活的必要组成部分。当我们反思亚里士多德对美德之人的描述时，美德的重要性就变得更加明显，因为拥有美德的人会"在正确的时间，针对正确的对象，面对正确的人，以正确的动机，并依据正确的方式做正确的事情"[4]。正如亚里士多德所言，基本原则是美德之人会把事情做好；她的优先事项井然有序，她能做出良好的判断，并且她总体上生活得很好。如果我们反思自己的生活以及每天面临的所有选择，那么我们会发现仅仅是决定做什么可能都是一项艰巨的任务。拥有美德之人，因为具有这些良

3　Annas, *The Morality of Happiness*, 43.

4　Aristotle, *Nicomachean Ethics*, in *Happiness*, edited by Cahn and Vitrano, 26.

好、稳定的性格特征，所以每次都能准确地评估每种情况并识别出最佳的行动方式。有道德的人也不会做出事后感到后悔的鲁莽或冲动的行为，也不会出于愤怒或其他任何短视的原因而行事。有道德的人知道生命中什么是重要的，她不会被短期的快乐或诱惑所动摇，因为她能完全控制好自己的情绪。因此，有道德不仅本质上是好的（本身就是好的），而且对你也确有好处，因为它可以提升你的良好生活。

在本章下面部分，我们将讨论柏拉图和斯多葛学派提出的关于如何通过美德的生活获得幸福的两种历史观点。我们将在下一章探讨亚里士多德的幸福观。

柏拉图的幸福

柏拉图（公元前 428—前 347 年）是最著名和最有影响力的古希腊哲学家。柏拉图以对话形式写作，他的大部分对话都以他的老师苏格拉底为主要对话者。在柏拉图最伟大的著作《理想国》（*Republic*）中，他探讨了做一个公正（美德）的人是否总是比做一个不公正的人更好的问题。

在我们转向柏拉图的有关讨论之前，让我们首先阐明一下他所说的正义（justice）是什么意思。我发现他对这个词的使用有时会让人们感到困惑，因为当代人往往将正义与简单地遵守法律或遵循社会规则联系在一起。柏拉图则是在更广泛的意义上理解和使用**正义**一词，它涵盖了我们理解的有关成为道德或正义的人的一切，包括我们称之为美德的所有良好品格特征。因此，当柏拉图思考正义对获得幸福是不是必要的问题时，他真正要考虑的是道德与幸福之间

37

的联系：一个人能否因不道德的生活而幸福，或者成为一个有良好德性的人是幸福生活的必要条件吗？

在《理想国》的对话中，柏拉图提出了几个论据来捍卫这样一种观点，即成为一个正义（美德、良善）的人对于幸福来说是必要的。他的观点意味着无论其外表如何伪装，不正义（不道德、邪恶）的人永远不会幸福。人们一开始可能会对柏拉图提出的美德与幸福相关联的观点表示怀疑，因为现实生活似乎提供了很多不道德的人享受幸福生活的反例。我最初也对其观点有所疑惑，但还是让我们先保留意见，等到回顾了柏拉图对正义的论述再做判别，因为他确实明确地回应了这一反对意见。

在《理想国》开篇，柏拉图以苏格拉底的口吻，通过对话来探讨"什么是正义？"。在驳斥了几个简单的定义后，苏格拉底讨论了色拉叙马霍斯（Thrasymachus）提出的观点，即正义是强者的利益。色拉叙马霍斯认为，一个城市的统治者颁布了判定正义的法律，因此可以预料这些法律能够促进那些符合统治者自身的最大的利益。换言之，通过遵循正义法则，人们只是在促进统治阶级的自身利益或其福祉（强者的利益），而这往往对普通人不利。因此，如果我们想促进自己的幸福，最好还是做出非正义的行为，因为如果我们不被抓住，这些行为会更有利可图。色拉叙马霍斯解释道："当一位强者不仅夺取了同胞的财产，而且还俘获并奴役了他们的自由身时，他不但不会被冠以那些不光彩的头衔，而且会受到自己城邦和那些听说其非正义行为的人们的青睐，并被看作幸福之人。"[5]

虽然色拉叙马霍斯的例子可能看起来有点神秘，但他关于非正义行为带来好处的观点应该能引起共鸣，尤其是考虑到不道德行径

---

5 Plato, *Republic*, in *Ethics: History, Theory, and Contemporary Issues*, edited by Steven M. Cahn and Peter Markie, New York: Oxford University Press, 2006, 57.

在当今社会中是如此普遍。在政治和商业这两个突出的领域，人们经常愿意放弃普通的道德标准，以促进自己（或公司）的利益。此外，我们在日常生活中也经常看到普通人做出违反公平正义的行为，例如超速驾驶、从互联网上非法下载音乐、逃避陪审团义务或逃税等。色拉叙马霍斯辩称，我们之所以做出这些非正义行为是它们比正义行为给我们带来更多快乐。这正是柏拉图想要反驳的正义观，因为他相信正义总是更好。柏拉图面临的挑战是让色拉叙马霍斯（和我们）相信他是对的。

在《理想国》第二卷中，格劳孔（Glaucon）继承了色拉叙马霍斯的论点，要求苏格拉底提出论据来说服我们"在任何情况下，正义都比不正义要好"[6]。格劳孔首先区分了三类美好或具有价值的事物。首先，当我们仅因该事物本身而对之渴望时，我们说某事物具有内在价值，例如享受的感觉、幸福或无害的快感。其次，当我们因某事物能带来好的结果而对之渴望时，我们就说它具有工具价值，尽管事实上它可能令人厌烦、痛苦或不愉快。格劳孔给出了一些具有工具价值的事物的例子，比如锻炼、接受疾病治疗以及工作赚钱。最后一类则是由既有内在价值又有工具价值的事物组成，其中包括智力、视力和健康，因为它们的价值既在于其本身，也在于其良好的后果。

格劳孔问苏格拉底，他将正义归于上述三类的哪一个。苏格拉底回答说，正义属于最高类别，即上述最后一类，既因其本身的缘故，也因其带来的后果而受到重视。格劳孔回答说，大多数人会不同意，因为他们认为正义属于第二类，即那些本身"令人不愉快和

6　Plato, *Republic*, in *Ethics: History, Theory, and Contemporary Issues*, 65.

令人厌恶"的事物，但由于它们能带来好的结果而受到重视。[7]

为了说明这一点，格劳孔讲述了巨吉斯戒指（the Ring of Gyges）的神话，这是一个牧羊人发现一枚可以让佩戴者隐形的金戒指的故事。在发现戒指的力量后，牧羊人用它来引诱王后，杀死国王，并占据王位。格劳孔让我们想象存在两枚这样的戒指，一枚给正义的人，一枚给不正义的人，并问我们是否预期这两个人的行为有所不同。格劳孔的回答是："当一个人有能力在市场上随意获取任何他喜欢的东西而没有任何担心，当一个人可以随意进入私人住所与喜爱之人交媾，当一个人可以根据喜好杀人和从监狱释放犯人，当一个人可以在任何别的事情上以同样的神力在凡人之间行事而免于任何担心时，他和其他任何人一样，都无法坚持抵制此种诱惑，坚持正义的做法，坚决不触碰他人的财产。"[8]

格劳孔认为，正义之人与不正义之人的行为选择不会有什么不同，因为两者都会在极大诱惑下屈从于自己的欲望。此外，我们认识到在上述情况中实施不正义行为是一种理性选择，尤其是考虑到在不可能被抓的情况下。格劳孔甚至辩称："任何拥有此特殊许可证（巨吉斯戒指）的人，如果拒绝做任何不正义的事，拒绝触碰他人的财产，那么所有了解戒指神力的人都会认为他是一个相当不理性和可怜的家伙。"[9]因此，格劳孔总结道，正义仅具有工具价值；我们遵从正义行事，因为我们没有能力实施不正义行为而不受惩罚，我们害怕不正义行为带来的后果。就他看来，正义本身没有特殊价值，因为当对惩罚的恐惧消除后，任何理智的人都不会继续遵从正义行事。

作为其论点的最后一个例证，格劳孔要求我们比较两类人的生

7　Plato, *Republic*, in *Ethics: History, Theory, and Contemporary Issues*, 65.

8　Ibid., 67.

9　Ibid.

活：一个完全正义，另一个完全不正义，看看谁实际上过得更好。我们被告知，完全不正义的人道德败坏、恶毒，但他却保持着正义的外表。因为他完美地藏匿了其不正义的本质，所以他让所有人都误以为他是最为荣耀、备受尊敬的社会成员。他受到所有人的爱戴，享受着金钱和特权，结交有权势的朋友，家庭美满，并过着妻儿皆有所成的幸福生活。相比之下，完全正义的人除了正义之外，被剥夺了一切。尽管他内在确实是高尚善良的，但他却没有享受到任何正义的好处，因为他所在的社会认为他是一个恶棍。格劳孔告诉我们，鉴于他的糟糕的名声，完全正义的人将"受到鞭打、折磨、束缚，眼睛被烧瞎；最后，在遭受各种酷刑后，被钉在十字架上"[10]。一个显而易见的问题是：哪一个人过的比较好？这个例子对柏拉图来说尤其具有挑战性，因为他的正义观强调完全正义的人一定比完全不正义的人更幸福，而事实似乎恰恰相反。

为了回答这一挑战，柏拉图诉诸正义（或良善行为）对一个人灵魂状态的影响。柏拉图首先将灵魂描述为由三个不同的部分组成，我们可以将其看作三个不同且相互竞争的动机或意志。尽管柏拉图用来描述我们心理的术语听起来有点过时（今天，我们更可能用"思想"或"意识"而不是其"灵魂"来指称一个人），但他对人的不同动机如何竞争而争夺首要地位的描述实际上相当的直观和容易理解。举例来说，你陷入了交通堵塞，前方似乎发生了一场严重的事故，残骸中散落着几具尸体。当你接近事故现场时，一部分的你想要放慢速度并观察。但同时，另一部分的你又不想目睹这个可怕的场景，因为你可能会感到不安。因此，你可能会与自己作斗争，当你靠近事故现场时，你会扭头避视，但想要看看事故现场样子的

40

10　Plato, *Republic*, in *Ethics: History, Theory, and Contemporary Issues*, 68.

冲动可能会压过扭头避视的你。柏拉图将这两种相反动机的相互牵扯和竞争描述为灵魂的两个不同部分之间所发生的状况。

　　根据柏拉图的说法，灵魂总共分为三个不同的部分，他称之为理性、精神和欲望。理性是理智的表现，其作用是从个人整体的角度进行深思熟虑并做出明智的决定。理性就像坐在我们肩上的小天使，催促我们按时上班、戒烟、多吃蔬菜。精神是情感的部分，它天然地与理性结合在一起，精神帮助我们按照理性的命令行事。欲望是非理性的部分，它促使我们沉迷于享乐。欲望就像坐在另一边肩膀上的小恶魔，诱惑我们再吃一块巧克力蛋糕或出去喝酒，尽管我们知道第二天早上必须早起。柏拉图警告说，欲望必须受到理性和精神的控制，因为它是灵魂中最大的部分，如果纵欲过度就会失控。

　　根据柏拉图的说法，当灵魂的三个部分协同工作以促进人的福祉，并且每个部分都各尽其职时，一个人就有了一个正义的灵魂。理性发出关于什么是最符合个人最大利益的命令，而精神则与理性共同抑制欲望。因为她的灵魂处于平衡状态，正义的人会体验到一种心灵的和谐和内心的平静。简单来说，她会感到幸福。

　　柏拉图将灵魂平衡的人描述为拥有完全美德之人，因为她将展现四种基本美德中的每一种：智慧、勇敢、节制和正义。她会是智慧的，因为理性会指导什么对她来说是最好的。她会是勇敢的，因为她的精神部分会倾听理性的声音，了解什么是她应该真正害怕的情况；如此，她不会被一时的痛苦或快乐所动摇，而这些痛苦或快乐往往会导致人们做出懦弱或鲁莽的行为。她会是节制的，因为她的欲望受到精神和理性的控制，而且这三个部分是协同一致的。最后，她会是正义的，因为正义被定义为拥有一个有序的灵魂，并且所有三个部分都能很好地协同运作。在正义的人身上，灵魂每个部分都各司其职，没有一个部分会行使超过其应有的权利。柏拉图将正义的人描述为已经实现了自我主宰。她不会经历任何导致不愉快的内心冲突的状况。因此，在柏拉图看来，正义的人是幸福的，因为她有一个健康、平衡的灵魂。

相反，不正义的行为会引起灵魂各部分之间的冲突。因为不义之人的灵魂失衡，三个部分之间会相互斗争和干扰，以至于理性无法得到倾听。不正义的人可能会变得自我放纵，她会受到诱惑去追求有害的快乐。一旦灵魂失衡，灵魂各部分之间就会出现混乱，这个人就会遭受巨大的内心动荡。不正义的人会对错误的事情产生强烈的冲动，不断地感到自己的内心被各种欲望所占据和压倒。即使她已经实现一些愿望，她也永远不会感到满足，因为她总是欲求不满。

柏拉图认为，每一个正义（或道德上的善行）行为都有助于加强我们灵魂的内在和谐，他将正义的灵魂描述为健康且美丽的，并顺应自然。相反，不正义的行为会导致各部分之间的混乱，柏拉图将不正义的人描述为患病之人，因其违反人的天然本性。因此，柏拉图对格劳孔挑战的回答非常明确：正义的行为永远比不正义的行为更让我们幸福，因为只有正义才能保持我们灵魂的和谐。一个人永远不应该受到诱惑而做出不正义或不道德的行为，因为它们会因鼓励各部分之间的不和谐而使灵魂生病。如果一个人的灵魂被腐化和毁坏，不管此人从不正义的行为中获得什么样的回报，例如金钱或权力，那都是徒劳无用的。因此，柏拉图认为正义对于幸福生活是必要的，因为它促进灵魂内部的和谐与秩序。

杰弗里·墨菲（Jeffrie Murphy）是一位当代哲学家，他同意柏拉图关于幸福与美德之间必然联系的观点。墨菲认为，对幸福进行哲学思考的要义在于丰富这一概念的论据内容。对大多数未受启 42

蒙的大众来说，格劳孔描述的完全不正义的人是幸福的，因为普罗大众会将幸福与尘世的财产和权力联系在一起；但哲学家可以对幸福提供更有启迪性的理解，从而阐明为什么完全不正义的人并不真正幸福。墨菲指出，柏拉图试图挑战大众认知，推进我们对幸福的哲学理解。他将柏拉图的幸福观解读为："人的完整幸福可以被理解为一个人在拥有一种和谐完满人格时所获得的满足感，这种人格要求所有要素都和谐地整合到一起，并充分应用于实现人类生活的实践中。"[11]

菲利帕·福特（Philippa Foot）也支持类似的幸福观。她认为，"伟大的幸福不同于欣喜感或震撼的快乐体验，它必须来自与人性深处、人类生活本质相关的东西，例如对孩子和朋友的感情、工作的愿望以及对自由和真理的热爱"。由于不正义的人缺乏许多这类相关的品质，包括正直、道德情感和建立真正友谊的能力，因此她不可能真正获得哲学家所认为的完整意义上的幸福。墨菲认为，不正义的人可能害怕自己的真实本性被揭露，而这种恐惧也与真正的幸福不相容。墨菲总结说，当他想到那个完全不正义的人时，他会怜悯这个人，因为"这种人仅仅因为自己是如此之人而受到惩罚。但如果我了解到他是确实真的很幸福的话，我又为什么要可怜他呢？"[12]

墨菲和福特完全赞同柏拉图的幸福观，他们一致认为不道德的人，或者故意做出不正义行为的人，永远不会幸福，因为其灵魂是病态的。思考一下人们是如何为自己的不良行为开脱解释的，柏拉

11　Jeffrie Murphy, "Happiness and Immorality," in *Happiness*, edited by Cahn and Vitrano, 263.

12　Philippa Foot, *Moral Dilemmas*, Oxford: Clarendon Press, 2002, 35; Murphy, "Happiness and Immorality," 264.

图对失序灵魂的描述似乎准确捕捉到了问题的关键。在激情犯罪、路怒症和酒吧斗殴这些案例中，人们往往被自己非理性的一面冲昏了头脑，高涨的欲望占据了支配地位，理性无法发挥作用。在其他一些案例中，高智商和有成就的人会因生活中的创伤事件而失去理智，导致他们以高度非理性且不道德的方式行事。例如，丽莎·诺瓦克是一位已婚的三个孩子的母亲，也是一名美国宇航局的宇航员。她因与情人分手而恼怒，决定开车1000多公里去与情敌对峙，驾车期间她穿着尿布，这样就不必停车上洗手间。此后，因为其荒唐且危险的举动，她被警察逮捕，并被指控谋杀未遂和绑架。最近的新闻报道提到一位阿拉巴马大学生物学教授——艾米·毕肖普，在被拒绝终身教职后不久，利用一次院系会议的机会枪杀了八名教职同事。

柏拉图对失序灵魂的描绘很好地解释了那些行事鲁莽、冲动、做出令人后悔不迭事情的人的心理，这些人的行为不仅是不道德的，而且是非理性的。人们在了解到这些案例后，都会想质问这些例子中的人：到底他们的脑子在想什么？从这样的冲动行为中，你们又能获得什么呢？在柏拉图看来，答案很简单：他们没有清晰地思考，因为理性无法掌控他们的灵魂，尤其是欲望和精神的非理性部分。这些案例表明，不正义的行为（灵魂失序时犯下的行为）会如何导致不幸福，并且它们也证明，如果你有兴趣促进自己的幸福，那么你就有充分的理由去避免做出不道德的行为，因为这很可能会扰乱灵魂内部的和谐秩序。

但现在我们必须追问，柏拉图的分析是否很好地回答了格劳孔所描述的完全不正义的人更幸福的情况。柏拉图一定会说，完全不正义的人的幸福只是一种幻觉，因为他的不正义行为意味着他有一个失序的灵魂。鉴于没有人愿意看到"坏人"得势，这一分析似乎令人感到宽慰，但结合现实来看人们可能会觉得它并不完全令人信服。想一下商业和政治领域中高知白领犯罪的各种案例。这些不道德和完全有悖公正的行为往往缺乏冲动、情绪化、非理性的特征，并且我们看不到这些高知白领表现出那种被灵魂非理性部分所支配的人表现的情况。相反，这些狡猾的道德虚无主义者似乎完全控制了自己的情绪，而且不道德行为往往会帮助他们得到想要的东西。柏拉图的正义模型似乎将所有不法行为等同于膨胀的欲望和堕落的精神压倒并支配理性而带来的后果。人们会疑惑，柏拉图的模型是否真的足以回应格劳孔所描绘的成功的道德虚无主义者的挑战，格劳孔的不正义的人是一位如此优秀的演员，以至于他愚弄了所有人。完全不正义的人似乎不会被强烈的欲望所控制，他隐藏自己不道德行为的能力表明他在理性自控方面比柏拉图想的要高超很多。令人略感欣慰的是，即使是完全不正义的人最终也会露出马脚（比如伯尼·麦道夫［Bernie Madoff］）。但在落网之前，柏拉图又如何能够确信完全不正义的人是不幸福的。此种质疑声音的核心是，这些高知犯罪分子似乎表现出了出色的自我控制力和非常强的逻辑推理能力，他们的不道德行为看起来并不"疯狂"也不带有自我毁灭式的特征。相反，他们常常表现出柏拉图所描述的只有拥有正义灵魂的人才能享有的那种心智和谐。至少在被抓住之前，他们全然是理性支配下享受幸福的样子。

44

大卫·萨克斯（David Sachs）对柏拉图的正义观提出了类似的疑虑。萨克斯质疑说："柏拉图认为，按照他的正义观，正义的人会通过一般道德的考验。尽管柏拉图多次以苏格拉底的口吻表达类似的意思，但他却从没有试图去佐证这一点。《理想国》中明显没有具体论证并说明柏拉图式的正义蕴含着普通的道德。柏拉图仅仅是假设两者之间存在必然联系。"[13]

　　萨克斯认为，柏拉图的正义观的问题在于，正义的灵魂所表现出的美德品质，如智慧、勇气和节制，与"各种粗俗的非正义行径和邪恶做派"是完全相容的。"无论是按照常识理解，还是柏拉图描述的具体的美德，这些美德品质也完全可以出现在色拉叙马霍斯和格劳孔提到的那些从事不正义行为的人身上。承接柏拉图的逻辑，人们容易得出这样的结论，即柏拉图的论点最多可以理解为，柏拉图式的正义之人（心智和谐）不可能以愚蠢、不理智、懦弱或不受控的方式犯下罪行。"经过一番分析后，萨克斯总结说："柏拉图的《理想国》第八卷和第九卷中的讨论全然没有……排除灵魂符合柏拉图式正义模型的人犯下通常被判断为不道德行为的可能性。"[14]

　　萨克斯的论点质疑了柏拉图对完全不公正的人的道德和心理分析，因为萨克斯暗示拥有正义的灵魂并不能保证一个人的行为符合普通的道德要求。格劳孔所描述的完全不正义的人是一个善于运用理性思考，满足自己的欲望并巧妙地对所有人掩盖其性格中异常之处的人。萨克斯的论点表明，完全不正义的人也可能有一个正义的灵魂（意味着理性主导着另外两个非理性部分），从而解释完全不正义的人为何可以成为成功的道德虚无主义者。那么，如果一个完全不正义的人能拥有一个正义的灵魂，根据柏拉图自己的推理（正义的灵魂带来心智和谐和内心平静），他也应该可以是幸福的。

　　雷蒙德·贝利奥蒂（Raymond Belliotti）也对柏拉图是否证明了不正义的人注定不幸福这一观点提出疑问。贝利奥蒂解释道，根据柏拉图的说法，"不正义的灵魂由于内部不和谐而不健康。不正义的

13　David Sachs, "A Fallacy in Plato's *Republic*," in *Plato: A Collection of Critical Essays*, edited by Gregory Vlastos, Garden City, NY: Anchor Books, 1971, 48.

14　Ibid.

45 人不会幸福，无论其外表看起来如何成功和美满。然而，就像身体
有病疾的人在周围朋友看来并无异样一样，不健康的灵魂也并不总
是可以用肉眼觉察。不正义的人也会尽量避免表现出其灵魂的疾病，
因为这么做绝不符合犯罪者的利益"。贝利奥蒂同意，在讨论"一个
道德堕落、理智丧失的暴君时，柏拉图的观点是站得住脚的。大多
数这样的人不太可能幸福。他们堕落失控的行为本身往往和他们内
心的不快乐和无法适应社会环境有关。甚至是，他们从堕落行为中
偶尔获得的满足感也会渐渐消失"。然而，贝利奥蒂发现，"如果我
们讨论的既不是道德典范，也不是不思悔改的暴君，而是大部分的
普通人，那么柏拉图的论点就不那么令人信服了。生活中，我们可
以找到那些虽然在道德和理智方面有缺陷，但仍然过着合乎普通标
准的幸福生活的例子。这些例子在我们自己或者周围朋友与同事的
生活中并不难找到"。[15]

　　然而，在我们决定否定柏拉图对完全不正义的人的分析之前，
我们可以想象柏拉图（和他的捍卫者们）可能会对这些反对意见做
出何种回应。首先，应该特别说明的是，柏拉图确实谈到了那个精
心策划自己的不道德行为并掩盖真实自我的狡猾的罪犯。柏拉图讨
论了几个非正统的具体的例子，在书中他将其称为财权主义者、寡
头主义者和民主主义者，他们都"对自己的生活有理性的计划，并
稳步执行，往往能较好地克制和控制自我"。特伦斯·欧文（Terence
Irwin）对柏拉图的三个例子进行了解释：

　　　　霸道的财权主义者不一定特别鲁莽且易怒。事实上，他的

　　15　Raymond Belliotti, *Happiness Is Overrated*, Lanham, MD: Rowman and Littlefield, 2004, 9–10.

野心鼓励他控制自己的欲望和情绪，以便更有效地追求荣誉和声望这样的长期目标。寡头主义者特别注重对其计划全心全意投入，且有条不紊地推进……信奉民主的人士则会平均地关注到不同的欲望需求，尽量满足各种身心欲求，但这并不是因为他没有能力控制自己的欲望。相反，他的理性恰恰是在指导他给不同欲求和渴望留下某种程度的自由释放空间，而在达成这些欲求的时候，他正是按照理性指导的那样去行事。[16]

因此，柏拉图清楚地意识到狡猾的罪犯存在的可能性，其不道德行为并非鲁莽、非理性或自我毁灭式的，而是带有明确的理性目的的。

虽然狡猾的罪犯在满足自己的欲望方面表现出了良好的目的理性推理能力，柏拉图显然不会认为这类人是正义的，因为柏拉图也会考虑一个人的欲望在本质上是不是善的。欧文认为，受理性支配的灵魂"培育了基于对整个灵魂有益的明智思考后形成的欲望，并利用这些欲望来引导整个灵魂"。[17]柏拉图则认为，不道德主义者的欲望是有缺陷的，因为它们无法反映什么是对作为一个人真正利好的。因此，柏拉图会说，不道德主义者的欲望并非源于理性，而是源于灵魂的两个非理性部分之一，因而不道德主义者对什么是善的看法必然是有局限的。

欧文在对理性在思考事物整体方面优势的分析值得在此深入探讨。他认为人的理性部分可以"融合并改良两个非理性部分（精神和欲望）。举例来说，如果我们可以看到一个建筑物的所有侧面，我们

46

16　Terence Irwin, *Plato's Ethics*, New York: Oxford University Press, 1995, 284.

17　Terence Irwin, *The Development of Ethics*, Oxford: Oxford University Press, 2007, 1:103.

就可以理解每个观察者基于自己所在侧面观察时得出的观点。每个观察者的观点本身都是有误导性的，甚至把所有观察者的观点汇总到一起得出的观点也是有误导性的。但如果我们掌握他们受视角局限无法观察到的整个建筑，我们就可以判断他们的观察在多大程度上是准确的。人的理性部分就像能看到整个建筑的观察者，它能从更宽广、更全面的视角看待非理性部分的欲望和诉求，这样它就能有选择地满足非理性部分的欲望，并达成和更好实现符合主体整体和长远利益的诉求"。[18]

按照反映一个人整体利益的诉求行事是相当重要的，因为每当我们按照自己的诉求行事时，我们都会对自己能体验到的满足感抱有这样或那样的期望。在最理想的情况下，我们实现自己诉求后的感受可以完美地符合我们的期望。假设我一直想成为一名知名女演员，因为我喜欢成为公众关注的焦点。如果我对成名的期望符合成名后的真实情况，那么一旦我实现了目标，我很有可能会感到快乐。但如果我的期望出现严重偏差，即便我会如愿以偿，也会感到痛苦。当我们被灵魂的非理性部分所支配时，我们就会被对各种事物的欲求所驱使，但非理性部分缺乏准确衡量这些欲求是否真的能让我们快乐的观察思考能力。因此，仅仅满足非理性部分支配下的欲求不仅会令人深感失望和不满，而且相当有害，因为这些欲求很可能只是反映了短期和片面的好，而不是那种反映一个人整体与长期利益的好。欧文如此解释理性和非理性部分在整体利益实现方面的差异：

由于非理性部分在形成其目标时会受到当前冲动的影响，

18　Terence Irwin, *The Development of Ethics,* Oxford: Oxford University Press, 2007, 1:103.

因此他们很容易受到当前情况下事物特征的误导。相比之下，理性部分关心的是找出整体上真正更好和更坏的部分。这种对真理的关注导致它追求有利于整个灵魂的真正的好。如果它采取这种整体性观点，它就不会仅仅根据当前冲动的强度来确定目标，它同样也不会在非理性部分扭曲的冲动下做出鲁莽和短视的选择。[19]

在完全不正义的人是否幸福的问题上，到底是选择柏拉图还是格劳孔，读者可以做出自己的判断。尽管一些理论家发现柏拉图的分析不够令人信服，其中最著名的可能是亚里士多德，柏拉图无疑已经预见到了这些不同的反对意见，并且对它们做出了回应。我们将在下一章进一步讨论这些不同的反对意见。在下一章的最后一节，我们还将回到美德和幸福是否必然相关的问题，我将批判性地评估这一观点。在此，我们必须先从另一个历史上的哲学派系的视角来思考美德与幸福之间的联系。

斯多葛学派的幸福

斯多葛主义（stoicism）由芝诺（Zeno，公元前 344—前 262 年）在希腊化时期创立，但芝诺和他的前辈们只留下了记载不全的少量著作。我们所能找到的有关斯多葛学派的哲学的完整作品主要来自塞内卡（Seneca，公元前 4—65 年）、爱比克泰德（Epictetus，公元 55—135 年）和罗马帝国皇帝马库斯·奥勒留（Marcus Aurelius，公元 121—180 年）。斯多葛主义最初流行于古希腊，后来传播至罗马

19　Irwin, *Plato's Ethics*, 293–294.

帝国并影响了当时罗马人的品格。它在罗马帝国时期成为一套品行标准，斯多葛主义者被认为"具有男子气概、理性且节制，行事坚持正义和道德原则，并且展现自律和坚韧不屈的品格，完全不会受到情绪和欲望的影响"。[20]

与柏拉图和许多其他古典道德哲学家一样，斯多葛学派从反思行为主体最终的善（或人生目的）开始。在他们看来，人的最终目的就是幸福。塞内卡解释说："幸福地生活……是所有人的愿望，但人们的眼睛受到蒙蔽，看不到究竟什么能带来幸福生活；获得幸福生活绝非易事，一个人越是渴望获得幸福，他反而会离幸福越远，在追求幸福的道路上犯的错误也会让他与幸福渐行渐远。当幸福追求走向歧途时，他与幸福之间只能越走越远，越走越慢。"斯多葛学派同意柏拉图的观点，认为美德是幸福生活的必要组成部分，但他们相信幸福是通过"顺应自然生活"来获得的，他们将美德与用理性掌控意志联系在一起。早期的斯多葛学派哲人阿里乌斯·迪迪穆斯（Arius Didymus）解释道："他们说，一个人的终极目标是幸福，一切都是围绕幸福而展开，而不是为了任何其他的事情；而幸福则包括按照美德生活，灵魂和谐平衡的生活，进一步讲就是顺应自然的生活。"[21]

在我们进一步讨论之前，我们需要弄清楚斯多葛学派所说的"自然"（nature）是什么意思，因为他们并不是建议我们从事有机农业生产或加入流行于嬉皮士之间的自给自足的农耕公社。实际上，斯多葛学派所说的自然指的是世界本质，或"宇宙本质"，他们认为宇宙本质表现出理性的计划和平衡的秩序的特点。斯多葛学派是因

48

20　Marcus Aurelius, *Mediations*, translated by Maxwell Staniforth, New York: Penguin Books, 1964, 10.

21　Seneca, "On the Happy Life," in *Happiness*, edited by Cahn and Vitrano, 41; Annas, *The Morality of Happiness*, 163.

果决定论者，这意味着他们相信现在发生的每一个事件都是由过去发生过的事件引起的，而这一系列事件可以追溯到万物初始的时候。简而言之，这些因果决定论者会说，现在发生的任何事情都直接关联到之前发生的事情，因此这些事情都是不可避免的或早就已经确定的。由于宇宙中的每一个事件都对达成最终的完美有所作用，因此自然界中发生的一切都是有其意义的，不过，作为人类，我们只拥有有限的视角，无法觉察到这一点。

　　举一个诙谐的例子，我们兴许可以看到斯多葛学派是多么笃信每一个自然现象都有其目的和意义。在安纳斯对斯多葛学派的研究中谈到了一位生活于罗马时代的希腊作家——普鲁塔克（Plutarch），他也是一位斯多葛主义者。根据普鲁塔克的观点，老鼠的存在是要告诫我们学会整理物品，不要胡乱放置招来鼠类；而寄生性的床虫则是要提醒我们不要睡懒觉，多劳动，多行益事。从另一个例子我们可以看到斯多葛学派对自然的崇敬，并批评人类非理性的无知。人类习惯于给飓风、洪水和火灾等自然灾害事件赋予情感意义，认为它们是可怕且具有毁灭性的事物，甚至对人类来说也是一种惩罚，因为它们会摧毁财产，破坏家园。然而，斯多葛主义者会认为，给这些自然事件赋予情感意义是毫无意义的，因为它们只是自然世界的必要组成部分。尽管我们可能会情不自禁地对自然灾害事件给出负面的情感刻画，但斯多葛主义者会建议我们以完全超然的情感或淡然处之的态度来看待超出人类控制范围的一切。正如斯多葛学派的代表人物马库斯·奥勒留所告诫的那样："如果你搁置'我被不公正对待了'这种想法，那么委屈的感觉也会随之消失。拒绝你的受害者情绪，伤害本身就会消失。"[22]

22　Annas, *The Morality of Happiness*, 161; Aurelius, *Mediations*, 65.

斯多葛学派相信整个自然世界都在追求其最终目的，而人类只是这个世界的一小部分。马库斯·奥勒留解释道："自然世界的最终目的是创造一个有序的世界。因此，现在发生的一切都在遵循着某种逻辑秩序……记住这一点，会帮助你更加平静地面对很多事情。"作为人类，我们可以通过运用理性来理解自然并获得美德。而理性理解的关键是明确区分什么是我们能掌控的，什么是我们不能掌控的，并专注于我们能掌控的一切。自然事件都是不可避免或前置设定的，因此它们是超出我们掌控范围的事件；然而，我们对这些事件的判断或反应是我们能掌控的。当自然灾害事件发生时，斯多葛学派认为应对其保持"冷漠"或情感超然的态度，从而保持平静和理性的状态。马库斯·奥勒留给出了一个人实现这种情感超然态度的法门："想想宇宙万物存在这个整体，你只是其中极其微小的存在；想想宇宙初始到现在的时间跨度，你的人生数十年只是转瞬即逝的短暂一刻；想想宇宙自然的法则，你在其中又是多么渺小。"[23]

当代哲学家安纳斯如此评价斯多葛主义者，那些拥有美德的斯多葛主义者会表现出完全没有感情或情绪，因为"他们极为强调美德中理性认知方面的重要性，并以非常理智的方式看待一切，甚至于明确表示，一个拥有美德之人完全不应该表露任何情感"。古罗马斯多葛学派哲学家阿里乌斯对非理性的情感如此解释："一种感觉……一种过度的、违背理性的冲动……或者，可以看作灵魂中与自然法则相悖的'非理性'活动……'违背自然'是一种对情感的刻画，因为它可以被理解为与符合自然且正确的理性相反的事物。"[24]

因此，斯多葛学派将美德与消除所有情感联系在一起，因为他

23　Annas, *The Morality of Happiness*, 161; Aurelius, *Mediations*, 19, 86.

24　Annas, *The Morality of Happiness*, 61, 62.

们认为情感与理性相反，因此也与自然相反。[25] 斯多葛学派相信，拥有美德之人会选择做正确的事情，是因为她运用理性认识到这是正确的事情，而不是因为她受到某种情感冲动的驱使，情感在斯多葛主义者看来都是不可靠的。斯多葛学派认为，因为美德养成完全取决于理性和个人意志的力量，所以只要消除情感对道德的影响，任何人都可以培养且拥有美德。从斯多葛学派的美德养成的理解来看，至关重要的是，你对任何偶然性事件都要保持冷静或情感超然，不要让任何外部事件搅扰到你的理性判断。通过阅读马库斯·奥勒留的《沉思录》中的节选，我们可以了解到他是如何鼓励我们专注于自己可掌控的事情，例如我们品格的形成：

你无法因为机智敏锐而出名。那就这样吧；因为，还有许多其他品质，你不能放弃说："我没有天赋。"那么，学习培养这些品质，因为它们完全在你的能力之内，例如，真诚和尊严，勤劳和清醒。避免发牢骚；勤俭、周全、坦诚；节制你的举止和言语；带着自信展现你的能力。看看此刻有如此多的品质可以属于你。你无法用不知和无能来放弃习得这些品质；因为是你选择在一个缺乏高尚品质的层面上徘徊度日。那么，是不是由于缺乏天赋，你诉诸情绪的宣泄，时不时地发牢骚、待人刻薄、阿谀奉承、抱怨健康欠佳、畏首畏尾、夸夸其谈以及情绪多变？肯定不会，因为通过培养这些品质，你本可以早就摆脱这一切情绪搅扰，并不需要因为习得上的迟钝而感到困

₅₀

25　然而，一些评论家认为斯多葛学派并不主张消除所有情绪，而只主张消除消极情绪。例如，在 *A Guide to the Good Life* (Oxford: Oxford University Press) 中，威廉·欧文认为，与流行的假设相反，斯多葛学派重视快乐，"'快乐的斯多葛学派'这个短语并不是一个矛盾修辞法"（第48页）。"斯多葛学派不是被动地接受世界的虐待和不公正，而是全身心投入生活，努力工作，让世界变得更美好"（第8页）。

惑——即便如此，你也可以通过磨练品性来纠正，只要你不轻视它或为你的愚钝感到高兴。[26]

斯多葛学派相信世界上没有善恶之分，因为所有善恶都取决于我们自己的思想和判断。由于我们可以控制自己的思想，因此除非我们允许，否则世界上发生的任何事情都不会影响我们。根据斯多葛学派的观点，我们经历的所有不快乐都是由我们对某些事件负面的情感判断造成的。但这些事件对我们来说是外在的，并且它们超出了我们可以掌控的范围，所以我们不应该让外在事件影响我们的幸福。

斯多葛学派关于幸福的说法有一定的道理。想一下，我们往往会因为对所处环境有要求却无法得到满足而感到不幸福。斯多葛学派会说，问题不在于外部环境或宇宙万物的自然秩序；问题出在我们自己身上，或者更确切地说，出在我们的判断和认知上。正如古罗马斯多葛学派哲学家爱比克泰德解释的那样：

> 搅扰人心的不是发生的事件，而是我们对事件的判断。比如，死亡并不可怕，否则苏格拉底也会害怕赴死。不，关于死亡唯一可怕的是人们认为死亡是可怕的判断。因此，当我们遇到阻碍、困扰或苦恼时，我们永远不要责怪他人，而是反思我们自己，也就是我们自己的判断。把自己的不幸归咎于别人，是缺乏教育的表现；当我们自我责备和反思，说明我们的教育已经开始；既不责备自己，也不责备他人，说明一个人的教育是充分的。[27]

26　Aurelius, *Mediations*, 78–79.
27　Epictetus, "Enchiridion," in *Ethics*, edited by Cahn and Markie, 184–185.

思考这么一个例子。你在一个寒风凛冽的日子等公交车，非常不巧，天还开始下冻雨了。而你带的那把小雨伞完全派不上用场，你感觉越来越不舒服，因为冰冷的雨水已经开始浸透你的衣服和鞋子。这时你又发现公交车也晚点了，你的愤怒和不快又加剧了。因此，你现在不仅又冷又湿，还内心焦灼。然而，需要明白的是公交车延误和恶劣天气完全超出你的掌控范围。斯多葛学派会认为，如果你让这些外部事件对你的情绪产生负面影响，那么你应该最终为自己的坏情绪负责。完美的斯多葛主义圣人会承认自己又冷又湿，但不会让这些感觉困扰自己。相反，她会以淡然超脱的态度看待天气和公交车延误，从而避免由此产生的这些负面情绪。正如爱比克泰德所说："学习去面对每一个严酷的境遇给你带来的印象，告诉你自己'你的回应只是一个印象，事件本身根本不是你判断的样子'。然后，用你所掌握的基本法则来评价事件本身；首要的，也是最重要的评价问题是，'它是我们能力范围内的事情还是超出我们能力范围的事情？'如果它是超出我们能力范围的事情，请准备好这样的回应：这无法影响到我。"[28]

因此，斯多葛学派人士像其他普通人一样会产生各种感觉、快乐和痛苦。不同之处在于他们对这些情绪感觉的态度，他们会将其视为无关紧要的东西。爱比克泰德解释道：

> 期望你的孩子、妻子和朋友永远活着是愚蠢的，因为这意味着你希望掌控那些不在你掌控范围内的东西，并且让不属于你自己的东西成为你的……请在你力所能及的范围内行事。任何明白自己想要什么或不想要什么，想保留什么或舍弃什么的

51

28　Epictetus, "Enchiridion," in *Ethics*, edited by Cahn and Markie, 184.

人都可以成为自己的主人。那么，让渴望自由的人不再祈求任何事物，放弃任何因依赖他人而获得的事物，不然他就注定会成为奴隶。[29]

斯多葛学派和柏拉图之间有一些相似之处，因为两者都认为美德是获得幸福所必需的，并且都认为拥有美德之人是可以通过理性牢牢地控制着自己的情感欲望（或意志）的人。两种观点都暗示，幸福的关键不在于外部世界发生的事情，而在于自己的思想或灵魂内部发生的事情，我们要将幸福生活与保持内心的平静和谐联系在一起。斯多葛学派毫无疑问会认同柏拉图笔下的正义之士在刑场上的幸福，因为他们都不会将个体的外在痛苦视为一种会消减其幸福的逆境。正如爱比克泰德所解释的："疾病是身体的障碍，但不是意志的障碍，除非意志允许其成为障碍。跛行是腿的障碍，而不是意志的障碍。每当事件发生时，告诉自己这个道理，因为你会发现，虽然外部事件阻碍了一些事情，但它无法真正阻碍你。"[30]

柏拉图和斯多葛学派的另一个相似之处是理性在他们的道德体系中占据的重要地位。对于柏拉图来说，理性就像一个指挥官，通过精神来控制欲望。柏拉图相信，只要理性主宰灵魂，我们就能拥有实现幸福所必需的东西。斯多葛学派提供了类似的图景，尽管他们不强调控制我们的欲望，但他们专注于实现一种超然的状态，这样无论外部世界发生什么，我们都可以持续感到完全的满足。这两种获取幸福的策略都旨在帮助我们避免各种会导致不幸福感的抱怨和不满。

尽管斯多葛学派对严酷的逆境淡然处之的境界令人钦佩，但令人疑惑的是对我们的情感进行如此严格的控制是否也会抑制或限

29　Epictetus, "Enchiridion," in *Ethics*, edited by Cahn and Markie, 186.

30　Ibid., 185.

制我们的幸福体验。一些理论家，尤其是亚里士多德，认为情感是幸福生活的重要组成部分。试图消除自己所感受到的情绪可能有助于减轻一个人在生活中所经历的创伤，但这种做法能否在很大程度上提升一个人的幸福感是值得怀疑的，尤其是当我们考虑到一个人的幸福在很大程度上来源于关爱他人以及与他人建立亲密关系。如果你决心成为一个优秀的斯多葛主义者，你不会允许自己被任何情绪所吞噬，但这种处世之道也可能会妨碍你与其他人在情感上深入交往。

美国哲学家雷蒙德·贝利奥蒂对斯多葛主义的处世之道提出了类似的担忧："悲伤、忧愁和痛苦本质上并不是邪恶的。人类生来就是懂得珍视的生物。我们不能既表现得铁石心肠般冷漠，同时又保持人性。珍视某物就是让它成为我们的关切……如果我们对失去所珍视的东西都漠不关心，我们就无法坚守我们的承诺……因为我们的评判、信念和行动定义了我们的生活，所以我们绝不能对自己的失败、遗憾和损失无动于衷……的确，为已成定局的事懊恼、哭泣毫无用处，但我们应该为失去珍视之物感到悲痛。"[31]

哲学家理查德·泰勒（Richard Taylor）在对一位优秀的斯多葛学派人士进行以下情景描述时，提出了更为犀利的批驳："当你和爱人相处时，你会用行动表现爱，但你坚决抑制任何爱的情感倾向，因为那只是一种感觉并且是非理性的。在这种情况下，驱动斯多葛主义者行事的力量不是一个人对他人的义务，更不是对他人的爱，而是一个人对自己的义务。与往常一样，这一义务就是为了培养和增强个体的卓越性……按照这个逻辑，在你帮助受难者时，你并不是真正为了帮助他们免遭苦难，而是因为如果不这样做，就会损害

31　Belliotti, *Happiness Is Overrated*, 31.

维持高尚个体所必需的义务感。"[32]

53　　再来体会一下斯多葛主义者爱比克泰德的这段话："记住要时刻问自己，'事物的本质是什么？'如果你喜欢一个壶，就说你喜欢的仅仅是一个壶；那么即使它被打破了，你也不会有所困扰。如果你亲吻你的孩子或你的妻子，请对自己说，你正在亲吻的仅仅是一个人，因为这样，即使死亡降临，你也不会因悲伤受困。"爱比克泰德还建议说，"永远不要对任何事物说'我失去它了'，而要说'我把它还回去了。'你丧子了吗？不，他只是被还回去了。你丧妻了吗？不，她只是被还回去了。你的财产被剥夺了吗？不，它也只是物归原主了。但你却总是说：'从我手中夺走我珍爱之物的人是邪恶的。'赐予者通过谁来索回这一切对你来说并不重要。重要的是，只要上天赐予你，你就好好爱护，但不要把它占为己有；对待它要如同旅人路经客栈一样，珍惜但不占有。"[33]

　　斯多葛主义的问题在于它鼓励情感超然，但人们可能会担心这也包括疏离周围的人。[34] 从爱比克泰德所说的建议中，我们可以看到，通过让自己对他人的遭遇保持冷漠和超然，我们可能错过了一种人类最大的快乐源泉。冷漠当然会保护我们免受痛苦，但它也可能阻止我们体验人类的全部幸福。因此，对于大多数普通人来说，保持斯多葛

32　Richard Taylor, *Virtue Ethics* (Amherst, NY: Prometheus Books, 2002), 50.

33　Epictetus, "Enchiridion," 184, 185.

34　斯多葛学派确实相信社会熟悉（oikeiosis）的过程，安纳斯将其描述为导致"我们对他人的关注以一种稳定且更具理性的方式向外扩展，直到我们对他人怀有同样程度的理性关注"（*The Morality of Happiness*，第 302 页）。但这一过程旨在提高公正性；我们将对他人的道德关怀向外延展，不仅涵盖我们最亲近的朋友和家人，还包括更远的亲戚，最终甚至延伸至陌生人。尽管这个过程意味着我们与其他人有联系，但它对公正性的强调招致了更多的反对。正如安纳斯指出的那样，"对许多人来说，公正性似乎对合理道德提出了过高的要求，与我们的自然依恋太过疏远，以至于道德主体可以合理地尊重它"（第 267 页）。

式的冷漠且超然的态度似乎并不是获得幸福的可行的途径，因为我们需要认识到不受悲伤困扰的生活与真正幸福的生活之间存在着重要的区别。尽管我同意，当我们面对糟糕的境遇时，采取斯多葛式的冷漠且超然的态度能帮助我们度过困境，但我不认为这是过上幸福生活的最佳策略。获得幸福需要的似乎不仅仅是避免不幸。

作为回应，斯多葛主义的捍卫者可能会辩称，我们误解了爱比克泰德，他并不主张我们对自己所爱之人采取缺乏关爱的冷漠态度。欧文如此辩解道：

爱比克泰德并不认为孩子或朋友的死亡与打破罐子同等重要。他只是建议我们可以用这种思维来摆脱我们对外在事物的执着。他的建议的前提是我们需要克服我们外在生活中的一些过分的倾向，而且我们可以通过关注到往往被忽视的有关这些外在生活情况的特征来达成这一点。带有激烈情感的外在生活往往只会将我们的注意力吸引到与现实相关的某一方面。这些情感有时候会将我们的注意力吸引到相当重要的特征上，但也会让我们忽略一些更重要的特征，从而误导我们。爱比克泰德提醒我们不要忘记那些因为激烈情感因素而被忽视的外部生活特征。失去一个孩子和失去一个壶罐之间的比较，正是在提醒我们这一斯多葛主义者的信仰，即好运和厄运都不是幸福的组成部分，因为它们都和美德无关。如果我们牢记这一点，那么，在外部生活发生变故时，比如，失去我们所关心的人，我们就不会认为自己真的被剥夺了幸福，生活不再值得继续了。[35]

威廉·欧文认为，斯多葛学派的"消极想象"技巧（这里指对

35　Irwin, *The Development of Ethics*, 345.

可能发生在我们身上的坏事进行思考）可能会帮助我们更加重视这些可能失去的事物。例如，通过设想亲人和朋友去世的情景，"我们可能会更加珍惜这些重要的人，而不会将亲情和友谊视作理所当然，借此我们经历的亲情和友谊可能会给我们带来更多的快乐"[36]。

斯多葛学派的情感观也是学者们争论的焦点。例如，迈克尔·弗雷德（Michael Frede）认为，斯多葛学派并不主张消除所有情绪，而只主张消除非理性情绪。"理性情感是完全理性的判断，其情感内容不会被任何错误的假设所影响、加强或削弱。我们的这些假设往往包括我们对喜爱或厌恶事物的价值的判断。"因此，认为斯多葛学派圣人从不经历任何情感或没有任何凡人之心是错误的。换句话说，"世俗事件确实会对其产生情感影响，但并不会扰乱他的整体判断，从而让他对这些世俗之事过度关注，甚至受困于此"。特伦斯·欧文同意这种解释，并表示说，斯多葛主义者有"良好的情感能力"，这"让他和普通人一样感受到快乐、表现出谨慎和怀有希望……在需要向爱人表达情感的情况下，他也可以做出合理的情绪反馈，展现良好的情感能力"。[37]

鉴于学者们对如何理解斯多葛学派存在分歧，在此也很难对其实现幸福的处世之道是否奏效做出判断。庆幸的是，我们不需要通过解决这场争论来回答美德对于幸福而言是否必要这一问题。然而，在讨论这个问题之前，我们必须首先了解另一种更为经典的观点，这种观点可能对塑造当代理论家看待幸福的方式产生了更重大的影响。下一章我们将从讨论亚里士多德的幸福观开始，然后再尝试回答并分析美德对于实现幸福是否的确必要这一问题。

36　Irvine, *Guide to the Good Life*, 70.

37　Michael Frede, "The Stoic Doctrine of the Affections of the Soul," in *The Norms of Nature*, edited by Malcolm Schofield and Gisela Striker, Cambridge: Cambridge University Press, 1986, 94, 110; Irwin, *The Development of Ethics*, 343.

第三章

Chapter 3

幸福即美德：亚里士多德

　　亚里士多德在《尼各马可伦理学》（*Nicomachean Ethics*）一书的开篇写道："每一种技艺和每一种探究，以及每一种行动和追求，都被认为是为了某种善。"[1]亚里士多德的这句话说出了一个简单且不言而喻的真理：每当任何人付诸行动时，我们可以假设她一定受到她珍视的某种善的驱使。亚里士多德告诉我们，一些种类的善从属于另一些种类的善。比如，运动是次要的善，因为我们运动是为了强身健体，以实现保持健康这个更高层次的善。但至善（我们的"终极目的"）不从属于任何事物，因为它是我们出于内在渴望或仅因其内在价值而追求的东西。与柏拉图和斯多葛学派（我们在前一

　　1　Aristotle, *Nicomachean Ethics*, translated by David Ross, Oxford: Oxford University Press, 1998, 1045a1–2.

章讨论过他们的观点）一样，亚里士多德将至善定义为幸福。[2] 他解释道："在日常言语交流中，关于付诸行动所能实现的至善，人们存在着非常普遍的共识：无论是普通大众还是有良好教养和学识的人士，都会说这个最高的善是幸福，而且会把生活得好与做得好等同于幸福。但对于具体什么是幸福，他们却各有不同的答案，许多人的回答与智者所想迥异。"[3]

亚里士多德对他将幸福等同于至善的观点给出了一定的解释。他告诉我们，人类的至善必须满足以下两个标准：首先，它是完整的，这意味着它仅因其本身而令人向往；其次，它是充分且自足的，这意味着它无需任何其他事物的补充。在亚里士多德关于财富、荣誉和欢愉等是否可以成为至善的讨论中，他指出只有幸福才符合以上两个标准。因此，幸福必定是最高的善。

从大众对幸福的一般态度中，我们可以找到支持亚里士多德有关幸福是唯一满足上述两大标准的观点的佐证。关于上述第一个标准，说某人寻求幸福是为了实现某种工具性目的，似乎是有问题的。很难想象一个人追求幸福不是为了幸福自身的内在价值属性，追求幸福除了因为幸福本身之外还能有什么原因呢？此外，当我们把追求幸福用作我们行事的动机解释时，它会将因果逻辑推理链推至终点。也就是说，如果有人在解释其行为动机的时候说"因为这会让我幸福"，那么就不需要更多的理由来解释其行为了。幸福是充分且

2　亚里士多德实际上使用两个不同的希腊词 eudaimonia 和 makarios 来指代生活和表现良好的条件。然而，按照安纳斯的说法，这两个词指向同一个最终状态，那就是幸福。正如安纳斯解释的那样："makarios（Blessed）是一个比 eudaimon（happy）更崇高、更自命不凡的词，但它们是可以互换的（除了风格上）。阿里乌斯（斯多葛学派哲学家）坚定地说，使用哪个词并无差别。"参阅 Annas, *The Morality of Happiness*, New York: Oxford University Press, 1993, 44。

3　Aristotle, *Nicomachean Ethics*, 1097a17–22.

自足的，因为它涵盖了一个人可能拥有的所有目标。例如，你工作是为了赚钱，有了钱你会感到安全，并让你有自豪感和成就感。但所有这些目标都是最高善的一部分，也即是幸福的一部分。

亚里士多德的论点只是确立了幸福是最高的或首要的善，它并没有为幸福的概念提供太多的内容。亚里士多德承认这一点，并解释道："然而，说幸福是首要的善似乎听着像陈词滥调，仍然需要更清楚地解释它究竟是什么。如果我们能够首先明确人类的作用，也许可以帮助给出答案……对于所有具有某种作用或功能的事物来说，善和'好'被认为是存在于其作用之中；对于人类来说似乎也是如此，因为人类也有其存在作用。"[4]

亚里士多德认为，任何具有某种作用的事物，其"善"都会和该种作用直接关联。例如，当一个水瓶能够很好地发挥水瓶的作用时，我们就说它是好水瓶。将这一推理应用到同样具有独特作用的人类身上，我们可以说，当一个人很好地履行了人之为人的作用时，她就过上了美好的生活（实现了幸福）。为了判定人的独特作用是什么，亚里士多德着眼于人类的特殊性或独特性，即人的理性。与其他仅凭本能行事的动物不同，人类拥有理性，这使我们能够反思自己的行为动机并自由选择如何行事。亚里士多德将人的作用定义为"遵循或体现理性原则的灵魂活动"。良善的人会很好地履行这一作用，也就是说她以美德（或卓越）来实现人之为人的作用。因此，亚里士多德得出结论："幸福是一种体现对完美美德不懈追求的灵魂活动。"[5]

因此，如果我们想了解幸福的本质，我们需要深入认识美德，因为美德关乎一个人的灵魂状态。在《尼各马可伦理学》中，亚里

4　Aristotle, *Nicomachean Ethics*, 1097b22–28.

5　Ibid., 1095a8, 1102a5.

士多德首先提出，"在灵魂的两大元素中，一个元素是非理性的"，而另一个元素则"追随理性原则"，也就是理智。亚里士多德指出，非理性元素中的一部分本质上是植物性的，意思是它控制着我们诸如繁殖和生长这类基本的生物功能。由于人类以外的其他动物也同样具备这一部分灵魂，所以"这部分灵魂本质上不反映人类的德性卓越"。然而，他继续解释道，"灵魂中似乎还有另一种非理性元素——它在某种意义上会回应理性原则"，而这部分是人类所独有的。亚里士多德称，这部分非理性元素涉及欲求，它的工作是倾听旨在促进对人最大的善的理性的指令。在一些人身上，这部分非理性元素会"抵触并对抗这个最高的（理性）原则"，但在美德之人身上，它会倾听理智，并"在所有问题上，与理性原则协同一致"。[6]

由于灵魂包含两种元素（理性和非理性），因此衍生出两种相应的美德，一种与智力有关（智力美德），另一种与品格有关（道德美德）。尽管亚里士多德阐述了实现两种美德——智力和道德——的不同方法，但英国哲学家莎拉·布罗德（Sarah Broadie）认为，将这两种美德分而论之是错误的，因为"如果没有卓越智力的支持，卓越品格是难以达成的。亚里士多德将卓越智力称为'phronesis'，翻译过来可以理解为'实践智慧'"[7]。具备美德意味着一个人生活得很好，但生活得好需要同时具备良好的品格和智慧，因为一方面灵魂中负责"倾听"的非理性部分必须谨遵理性的指令，另一方面理性必须给出正确（符合善好）的指令。因此，幸福需要一个人兼具道德和智力美德，两者相辅相成。

然而，亚里士多德认为，仅拥有道德美德的灵魂并不足以获得

---

6 Aristotle, *Nicomachean Ethics*, 1102a28, 1102b12, 1102b12–15, 1102b17.

7 Aristotle, *Nicomachean Ethics*, translated by Sarah Broadie and Christopher Rowe , Oxford: Oxford University Press, 2002, 17.

幸福，因为"如果没有适当的外在条件，就不容易甚至不可能做出高尚的行为。"美德之人还必须"具备充足的外在条件"，比如金钱、健康、优雅的体态、亲密的朋友和家人以及一定的财富。亚里士多德解释道："一个相貌丑陋、出身不好、独身且没有子女的人不太可能幸福，而如果一个人有品行极差的孩子或朋友，又或者一个人痛失品行极好的孩子或朋友，那这个人就更不可能获得幸福了。由此可见，幸福似乎需要这样的外在顺遂作为补充。"[8]

60

尽管亚里士多德认为美德对于幸福是必要的，但他也认识到包括运气在内的外部因素对实现幸福至关重要，而这一点明显背离了我们在上一章中讨论的哲学家的观点，即柏拉图和斯多葛学派的主张。[9] 如果我们反思下日常经验，直觉上我们会感觉亚里士多德有关幸福的观点更为合理一些。例如，美德之人应该表现出一些良好的品格特征，如善良、耐心和慷慨。但是，如果一个人被社会所排斥（如柏拉图关于完全正义的人的例子），或者如果她一贫如洗，她又如何能展现这些特征呢？只有当我表现出慷慨时，我才能被称为慷慨之人，但这意味着我得有足够的钱财可以给予，而且我身边有可以给予的人。尽管贫穷和鳏寡孤独可能不是你的错，也不在你的掌控范围内，但缺少这些外部条件，必然会对你的幸福产生负面影响。

8　Aristotle, *Nicomachean Ethics*, translated by Ross, 1099a30, 1101a15, 1099b3–7.

9　然而，一些评论家认为，柏拉图实际上认同亚里士多德的观点，即美德对于幸福来说是必要的，但还不够，苏格拉底（和斯多葛学派）认为美德亦是幸福的充分条件。根据格雷戈里·弗拉斯托斯的说法，柏拉图认为美德是幸福的主要组成部分，但他也认识到还有其他组成部分。参阅 Vlastos, *Socrates, Ironist and Moral Philosopher*, Ithaca, NY: Cornell University Press, 1991, chap. 8, esp. 204–205。特伦斯·欧文也支持这种解释："当柏拉图认为正义的人在任何情况下都比不正义的人更幸福时，这并不意味着正义的人在任何情况下都是幸福的。他保留了这样一种可能性：幸福的某些组成部分并不能得到正义的绝对保障……柏拉图没有理由否认正义者（在格劳孔的例子中）所损失的外在物品是真正的物品……他含蓄地承认，正义的人因被剥夺外部物品而遭受重大损失。"参阅 Irwin, *Plato's Ethics*, New York: Oxford University Press, 1995, 192。

柏拉图和斯多葛学派希望幸福是充分且自足的，这意味着任何人都可以凭借自己的良善品格获得幸福。但正如之前所说，如果缺乏某种基本程度的外部条件支持，很少有人能够真正获得幸福。甚至在亚里士多德思索柏拉图关于完全正义之人的例子时，也会用安纳斯所说的"愤怒的常识"做出回应。亚里士多德批驳道："有些人说行刑架上的受害者或遭受巨大不幸的人可以是幸福的，如果他们是良善的。不管这些人是否真心这么认为，这些例子都是毫无道理的。"[10]在我看来，亚里士多德的幸福观描绘了更符合人性并且更为可行的图景，正因如此，他的观点才对当代哲学家的幸福论产生了更为深刻的影响。

回到我们如何养成美德的问题，亚里士多德告诉我们，智力美德"将其产生和发展归功于习得（因此需要体会和时间），而道德美德则是习惯的结果"。在他的著作《尼各马可伦理学》中，亚里士多德花了相当多的时间讨论道德美德，他认为道德美德并非在我们身上自然形成的。因为我们无法改变一些与生俱来的东西，但我们总是可以改变自身的品格（比如变得诚实或慷慨）。根据亚里士多德的说法，我们在道德上成为好人还是坏人取决于我们选择培育的习惯，他警示道："因此，我们选择是从小培育这一种还是另一种习惯，这都不是小事；选择培育什么习惯是非常重要的，它事关一切。"[11]

亚里士多德认为，培育美德就像学习其他技能一样，我们必须要从实践中来学习。例如，我们通过跳舞成为舞者，通过弹奏钢琴成为钢琴家，通过烹饪成为厨师。同样，亚里士多德认为："我们可以通过正义的行事而变得正义，通过表现节制的行为而变得节制，

10　Julia Annas, "Should Virtue Make You Happy?," *Aepiron* 35 (2003): 11–12; Aristotle, *Nicomachean Ethics*, translated by Ross, 1153b16–22.

11　Aristotle, *Nicomachean Ethics*, translated by Ross, 1103a15–20, 1103b25.

通过展现勇敢的行为而变得勇敢。"[12]然而，一个人究竟该如何做才能养成美德，是无法准确规定的，因为根据个体不同的情况，每个人的表现会有所不同。可以用健康来做一个类比：所有健康人的身体状态都是相似的，但具体需要多少食物和运动来维持健康，就因人而异了。同样，所有美德之人都具备相似的身心状态，但他们必须做什么来养成高尚品格（例如勇敢或诚实），那就会有个体差异了。

尽管如此，所有美德之人还是有一些共同点，比如他们都规避过度和不及，并力求在情感和行为上保持适度。我们可以再次与健康进行比较：如果你饮食过量或运动太多（过度）或太少（不及），你会不再健康，而健康的人只会保持正确（适量）的饮食和锻炼。同样，畏惧太多的人会懦弱，而畏惧太少（过于自信）的人会鲁莽。勇敢意味着一个人保持适度的畏惧和自信，亚里士多德认为所有美德都涉及度的控制。

因此，你的品格状态决定了你的情绪状态，以及你感受到的情绪是太强、太弱还是恰到好处。美德体现了各种品格的状态，这意味着具有美德的人能够很好地对待情绪，适度地感受情绪。亚里士多德认为，我们所有感受到的情绪，包括畏惧、自信、愤怒、怜悯、快乐和痛苦，都可以在个体身上有过强或过弱的表现。美德之人会倾向于"在恰当的时间、针对恰当的对象、面向恰当的人、出于恰当的动机，并以恰当的方式感受到这些情绪"[13]。

亚里士多德的观点暗示，适度地感受我们的情绪对于实现美德和美好生活至关重要。这再次使他区别于斯多葛学派，斯多葛学派试图将情绪的影响降到最低。斯多葛学派相信，理性应该控制或消除一个人的情绪，他们将美德行为等同于仅按照理性的要求行事。

12　Aristotle, *Nicomachean Ethics*, translated by Ross, 1103b1.

13　Ibid., 1106b20.

与之相反，亚里士多德认为情绪是对特定情境做出正确反应的重要组成部分。我认为亚里士多德的观点更好地反映了我们的常识直觉。试想一下，在很多情况下，展现出情绪反应不仅是预料之中的事，而且是人之为人的必然。比如，一个人应该对配偶或孩子的去世哭泣悲伤，因为这是一种对失去所爱之人的正常且健康的情绪反应方式。情感上完全无动于衷、没有表现出悲伤痛苦的人可能反而被视为冷酷无情，或是被怀疑不真正爱死去的亲人。[14]

此外，心理学家的研究发现，我们的"本能反应"（依赖于我们的情绪感知，而不需逻辑思考）可能比我们经过深入思考分析的理性反应更为精准，这项研究对柏拉图的观点发起了挑战，即理性是我们美好生活的最佳向导。在一项研究中，一组人被要求思考他们当前的恋爱关系，并罗列他们对当前关系满意和不满意的地方。[15]另一组人被简单地告知对当前关系不做任何思考，直接给出他们的"本能反应"。人们可能会认为，花时间分析当前关系的小组会对他们的感受给出更准确的答案。然而，事实恰恰相反，给出"本能反应"的小组的恋爱满意度评分，精准地预测了他们几个月后是否仍在与伴侣约会，而分析组的评分完全无法预测当前恋爱关系的结果。这项研究表明，过多的分析可能会干扰人们对自己的真实感受的描述。例如，忽视自己的感受而只遵从理性可能会导致一个人选择维持一段并不快乐的关系，仅仅因为（根据理性判断）各种外在状况

14　然而，威廉·欧文认为，假设一个好的斯多葛学派从不悲伤是错误的，因为斯多葛学派明白某些情绪是反射性的。欧文解释道："特别假设一个斯多葛学派的人发现自己因失去亲人而悲伤。这个斯多葛学派……不会试图抑制内心的悲伤……然而，在经历了这轮反射性悲伤之后，斯多葛学派的人会尝试通过推理使其不复存在，从而消除心中残留的悲伤。"参阅 Irvine, *A Guide to the Good Life*, Oxford: Oxford University Press, 2009, 216。

15　Timothy D. Wilson, "Don't Think Twice, It's All Right," *New York Times*, December 29, 2005.

似乎看起来都还不错。因此，亚里士多德认识到情感对于美好生活的重要性，而柏拉图和斯多葛学派都没有充分强调这一点。

关于幸福的当代实证研究进一步支持了亚里士多德的论点，即我们首先要通过行动来培养美德。心理学家通过实验发现，要求研究参与者去帮助他人做一件好事，这会让参与者认为自己是一个更善良和体贴的人。正如心理学家蒂莫西·威尔逊（Timothy D. Wilson）所分析的那样，"大量的社会心理学研究证实了亚里士多德的观察，即'我们可以通过正义的行事而变得正义，通过表现节制的行为而变得节制，通过展现勇敢的行为而变得勇敢'。如果我们对生活的某些方面并不满意，最好的方法就是表现得更像我们想成为的人，而不是坐下来剖析自己"[16]。

当代哲学家理查德·泰勒（Richard Taylor）提出了与亚里士多德相似的幸福观。他认为许多人一生都在追求错误的理想，完全错过了幸福。根据泰勒的说法，我们可以通过问自己是否愿意成为某个人，来检验这个人是否快乐；如果我们不愿意，那一定是因为此人并非真的快乐。泰勒建议："如果一个人自认为很快乐，那这个人有可能真的很快乐。但只要问一下自己是否真的愿意成为那个自我感觉很快乐的人，就可以看出这种想法是多么肤浅。如果那个人的确被认为是快乐的，很难理解为什么周围人不愿意取而代之。但事实上，我们知道这样的人其实并非真的快乐，他们只是自我感觉快乐，而这很大程度上是因为他们不愿意承认自己的愚蠢。"[17]

16　Timothy D. Wilson, "Don't Think Twice, It's All Right," *New York Times*, December 29, 2005.

17　Richard Taylor, "Virtue Ethics," in *Happiness: Classic and Contemporary Readings in Philosophy*, edited by Steven M. Cahn and Christine Vitrano, New York: Oxford University Press, 2008, 224.

泰勒将幸福界定为人类作为一个整体的恰当行动，他追随亚里士多德和其他古代伦理学家，认为幸福与运用理性或人类天生的智慧密切相关。不过，泰勒同时也主张一种更广泛的理性概念，其中"不仅包括理性推理活动（例如在哲学中所展示的），还包括观察和反思，以及最重要的创造性活动"[18]。因此，在泰勒看来，幸福关乎利用我们的创造力来达成作为人类的自我实现，其中包括艺术和任何由智力指导的活动，例如舞蹈、体育、园艺、下棋、抚养亲人或锤炼某种职业技能。

至此，我们已经回顾反思了历史上有关幸福的三种哲学观点以及几位同样将美德（包括道德和智力两方面的发展）视为实现幸福的必要条件的当代哲学家。接下来，我们准备对基于美德的幸福观进行批判分析，看看它是否可以作为一种可行的幸福理论。

美德之于幸福是否必要？

当我们决定将幸福等同于践行美德时，出现的第一个麻烦是回答确定要达成幸福所要满足的相关标准是什么的问题。反对意见认为，这种用美德定义幸福的观点，要求一个人必须充分发展她的智力和品格，然后才能达成幸福，而这将使得实现幸福的标准变得高不可攀。如果我们在日常生活中进行幸福评判时真的采用这个标准，那么似乎很少有人能称得上是幸福的。并且，鉴于准确衡量一个人的智力或性格的发展状态存在实际困难，我们也没有可行的方法来

18　Richard Taylor, "Virtue Ethics," in *Happiness: Classic and Contemporary Readings in Philosophy*, edited by Steven M. Cahn and Christine Vitrano, New York: Oxford University Press, 2008, 231.

推行此种幸福观，因此我们永远都无法毫无争议地评判任何人的幸福状态。如此一来，幸福这个词在我们的语言中似乎就失去了意义。

通常情况下，我们不会通过考察一个人的智力或品格的发展来了解她是否幸福，而且我们生活中做出的幸福评判也并不参照这些幸福理论家所倡导的模式标准。[19] 他们的观点未能反映现实情况。哲学家们似乎只是从普通人的日常用语中提取了一个词，并为其赋予了一个与日常理解脱节的哲学定义。我们需要论证为什么我们应该采用道德要求更严格的哲学幸福观，因为如果没有论证清楚哲学幸福概念的优越性，我们就没有理由接受美德对于实现幸福是必要的这一观点。

我们对幸福的日常使用，也允许我们将其用于婴儿和儿童，但如果我们将幸福和美德关联起来的话，这实在令人难以置信，因为无论婴儿还是儿童，都不具备实现道德或智力美德所必需的心理能力。[20] 亚里士多德和古代伦理学家接受了这一观点，理查德·泰勒也同意这一点："儿童、智障者、野蛮人，甚至动物都完全有能力体验

19　我在这里提出的反对意见，对在幸福归因中提出实现道德和智力美德的必要性发起了挑战。雷蒙德·贝利奥蒂也对实现道德和智力美德是否足够存疑："想象一下，向某人展示他们体现了规定的智力和道德美德，以及表现良好的条件。假设这个人同意但仍然坚持说：'但我不快乐。'如果我们回答：'哦，你很快乐，你只是不知道。'我们的话就很会显得颇为怪异。如果我不知道自己快乐，我怎么能快乐呢？……然而，如果没有适当的心态、经验或感受，即便实现亚里士多德的自我状态，也无法唤起幸福所必需的内在反应。"参阅 Belliotti, *Happiness Is Overrated*, Lanham, MD: Rowman and Littlefield, 2004, 17。另请参阅 Richard Kraut, "Two Conceptions of Happiness," *Philosophical Review* 88 (1979): 167–197，他认为，任何符合亚里士多德标准的人，依照我们的标准而言也会是幸福的，因为这个人会自动对她的生活抱有与幸福联系在一起的积极态度。

20　事实上，正如贝利奥蒂所指出的，亚里士多德的观点甚至更具局限性，因为"妇女、奴隶和大多数男性不可能幸福，原因在于他们受社会地位或本性所限，缺乏必要的智力或生存条件"（同上，第13页）。然而，贝利奥蒂认为，亚里士多德关于妇女、奴隶和体力劳动者智力低下的信念可以被驳回，同时仍然欣赏他关于幸福的重要见解（第15页）。

快乐和痛苦，但这些个体都不能实现幸福"，因为这些个体都无法实现在哲学上有意义的幸福状态，即已经达成完满的生活或有幸拥有了个人所能达到的最高的善"。菲利帕·福特（Philippa Foot）也赞同这一看法，她也将幸福与"人性深处的东西"联系起来。[21] 然而，哲学家们所倡导的较为狭义的对幸福的定义却偏离了普通人生活中对幸福这个词的惯常用法。尽管孩子可能还无法拥有道德或智力美德，也不具备认识并联结人性深处的东西的能力，但人们经常会说孩子经历了一个幸福或不幸福的童年。

此外，将幸福等同于美德似乎完全无法诠释当代普通人的动机和行为。现代社会不乏快乐的道德虚无主义者的例子，这些人堂而皇之地违背道德准则，内心却完全没有任何愧疚。[22] 伯纳德·威廉姆斯如此描述这些道德虚无主义者："还有一种人物，也许比卡里克勒斯（古代雅典的政治哲学家）想象的更罕见，但真实存在，他邪恶可怖，但仍然快乐从容；按照任何睿智明辨之人的行为评判标准，这种人物的兴盛与幸福都是危险且令人担忧的。"[23] 我们经常简单地将人们的各种行为归结为此种行为令他们感到快乐，增进其满足感，即便是此种行为是不道德的，或不利于内心和谐一致的。如果幸福或快乐的归因不足以解释他们的动机，我们又该如何来理解他们为

21　Taylor, "Virtue Ethics," 111; Philippa Foot, *Moral Dilemmas*, Oxford: Clarendon Press, 2002, 35.

22　当然，许多古代道德家会拒绝这种对"快乐的不道德主义者"的描述，认为这是一种自相矛盾，因为他们认为不道德的行为会破坏幸福。理查德·泰勒在《善与恶》(*Good and Evil*, Amherst, NY: Prometheus Books, 2000) 中，恰当地描述了古人对不公正行为对人的负面影响的看法："实施不公正行为会导致堕落……或让你的道德水准下降；事实上，这正是这种内心堕落的表现。因为这样的堕落……如果你的灵魂——实际上是你的内在存在——堕落或毁灭，那么这就是对每个人最宝贵的财产的毁灭。这是你这个人的解体"（第 85 页）。

23　Bernard Williams, *Ethics and the Limits of Philosophy*, Cambridge, MA: Harvard University Press, 1985, 46.

何做出不道德的行为呢？

　　除了现代人的行为动机复杂而令人费解之外，如何评判他人幸福并不像泰勒说的这么简单。当我们仔细研究泰勒关于评估他人幸福感的建议时，问题接踵而来。根据泰勒的说法，我想（或不想）成为另一个人将会帮助我评判那个人是否真正幸福，但这种幸福观是完全错误的。考虑这样一个例子。如果我无法认同你对巧克力冰激凌的喜好，我可能不会想成为那个爱吃巧克力冰激凌的你。然而，我不想成为你，并不能反映你体验的程度或你的精神状态，同样也不能告诉我们你在吃巧克力冰激凌时是否快乐。我想或不想成为另一个人显然反映了我的价值观和偏好，但这并不能反映另一个人的生存状态。

　　此外，我可能因为无法在道德上认同你的幸福来源而不想成为你。举例来说，你可能会因为吃一块多汁的牛排而感到高兴。但我完全不想成为你，因为我是一个素食主义者，不认为食肉在道德上是正确的。然而，我无法认同你的幸福来源，这一事实并不会降低你在吃牛排时可能体验到的幸福感。我是否可以否认一个人的恐怖经历，因为我不同意她所处之情况是令人胆寒的？我是否可以否认一个人的饥饿感，因为我认为她已经吃够了？显然，我的感受（或者我设想如果我处于你的境地时的感受）无法反映你的思想状态。同样的道理也适用于幸福。我不能因为无法认同另一个人的满足感，就去否认这个人的满足感。

　　菲利帕·福特关于幸福的言论也引来一些反对的声音，因为她试图罗列一些大众可接受的获得幸福的方式，其中包括"对孩子和亲友的爱、对工作的渴望，以及对自由和真理的热爱"[24]。但是，那些

24　Foot, *Moral Dilemmas*, 35.

因为其工作、孩子、朋友或家庭而感到痛苦的人又如何呢？她们的幸福又如何能和福特眼中获得幸福的方式产生关联呢？显然，对于某些人来说，幸福确实可以从福特所建议的方式中获得；但对于另一些人来说，幸福可能与其他东西有关。为什么我们应该将幸福概念的认识限定在福特认为恰当的那些事物上？福特的幸福清单的说服力显然是值得怀疑的。她似乎错误地将一些幸福的典型归因混淆为幸福的本质元素。对许多人来说，确实可以在福特罗列的幸福归因中找到满足感，但通常导致某些人（甚至大多数人）幸福的那些因素，在概念上与幸福的本质截然不同。我们的生活经验表明，当一个人处于满意的状态时，她就会感到幸福，这和什么因素导致她处于这种状态并无关联。

古代伦理学家有将幸福与一个人的美好生活状态和道德品质混为一谈的情况，但这种混淆改变了幸福这个词的含义，导致他们的理论偏离了我们对这个概念的常规理解。我相信，充分认识一个人的幸福、美好生活状态和道德品质这三个概念的独立性对我们更有好处，因为这赋予我们更强的解释力，从而使我们能够讨论更广泛的实际生活案例。例如，一个人可能会从他人遭受的痛苦中获得极大的满足感，以至于她的幸福来源就是他人的痛苦。理解此人的幸福并不妨碍我们对她是一个可鄙之人的道德判断。在这种情况下，对她的幸福来源（从他人遭受的痛苦中获得满足）的了解反而帮助我们做出这样的道德评判。

古代伦理学家认为美德是幸福的必要条件，原因之一是他们将幸福等同于最高的善。在他们看来，幸福意味着一个人过着"美好的生活"，也就是一个人展现出人类最好的品质，即道德和智力上的卓越。但我们并不需要认同古代伦理学家，将幸福与美好生活状态（展现高尚品质）等同视之。如果我们从概念范畴上对幸福与道德进行区分，就能接受不道德者也有幸福，而不必将自己置于对不道德者的生活是否良善进行评判的困境之中。也就是说，我们可以认可，不道德行为带来的满足感也是幸福的一种，但同时对其行为提出道德告诫。

切断幸福与美德之间的关联，能更恰当地反映了幸福这个词在我们当下的语言中被使用的方式，因为幸福在被使用时通常并不隐含一个人在日常生活中对道德价值的遵循，而且我们经常在不了解一个人的道德品质的情况下评估一个人是否幸福。幸福作为一个概念在当前社会独立于道德价值，这令我们很难对个体进行古代伦理学家所做出的那种有关正义良善的评价。但我们仍然可以根据人们生活的不同侧面做出相应评判，例如有关道德品质、健康、成就感、宗教信仰或审美感受等。简而言之，在幸福和美德脱钩的今天，我们可以将幸福视为众多美好事物中的一种。[25]

当然，支持将幸福等同于美德的人可能会对我的反对意见提出质疑，因为支持者可能会坚持认为，将幸福等同于美德的全部意义在于修正当前的幸福概念，而不是去理解它。这些支持者会说，在大众看来，幸福来自健康和财富等被广泛认可的事物，但哲学家的工作就是就幸福本质上到底是什么的问题进行深度解释并加以普及。因此，我们不能（也不应该）凭借日常生活的用法去理解幸福的本质。

25　托马斯·赫尔卡在他的新书中得出了类似的结论，他在书中指出，"与伊壁鸠鲁、苏格拉底和许多其他人的观点不同，终极目标并不只有一个是美好的，实际上有很多。快乐并不是生活中唯一的美好事物，哲学理解也不是。每一样都只是更长的美好清单中的一项，因此理想的生活可以涵盖不同的美好事物"（Thomas Hurka, *The Best Things in Life*, New York: Oxford University Press, 2011, 6.）。另请参阅马克·马丁的新书，他在书中提出，"只要我们热爱我们的生活，通过充分享受生活并展现我们的价值，我们就是幸福的。我们应该将幸福视为"美好生活的一个维度，它与其他维度相互作用，特别是与真实性、健康、自我实现、道德正直和善良以及合理价值方面的意义"（Mike W. Martin, *Happiness and the Good Life*, New York: Oxford University Press, 2012, 3.）。

安纳斯就美德也提出了类似的论点，她说我们对美德的常规理解相当浅薄和混乱，通过学习古代哲学家的讨论，我们可以对美德的理解得到极大提升。她还将这一论述推广到幸福的理解上，并建议："如果我们接受这样一种幸福概念，即幸福包含几个不同且互不相容的矛盾元素，我们可能会像对待美德概念一样重新审视它，并尝试对那些重要但已变得含混不清的古代幸福哲学思想进行更系统、更深刻的理解。"[26]

我认为安纳斯的错误在于追随古代伦理学家，将幸福与美德混为一谈。我认同安纳斯关于我们需要深入学习古代哲学家对美德理解的看法，因为大多数人似乎对这个词的含义认知不足——往往只是列举一种或两种美德品质。而且，我们可以从前人那里学到很多关于美德本质的知识，以及为什么美德对我们有好处。 正如安纳斯所说，思考美德可以鼓励我们以不同的角度看待生活，因为它可以帮助我们重新确定优先事项以及我们选择的生活方式。但在幸福这个概念问题上，我无法同意安纳斯的观点，因为我们日常关于幸福的观念并非因认知不足而含混不清。询问一下学生们对幸福的看法，大多数都会踊跃发言。在社交聚会上提起幸福的话题，你就会知道人们对这件事有各种各样的看法。鉴于大众的关注程度，可以确定，幸福话题不会和美德话题那样让人一脸茫然。

很少或根本没有受过哲学训练的普通人对幸福有很多强烈的直觉。我们不能简单地认同柏拉图笔下那个在刑架上完全正义之人是幸福的，因为我们日常经验表明，大部分情况下并非如此。美德和美好生活的状态这两个概念则不然，它们在普通人的日常用语中并

---

26 Julia Annas, "Virtue and Eudaimonism," in *Happiness*, edited by Cahn and Vitrano, 258.

不扮演重要的角色，因此更适合于由哲学家来提供专业哲学定义。幸福对于普通人和哲学家来说同样重要，因此，哲学家不能仅仅从专业的视角来重新定义这个词。对幸福的日常和专业理解必须结合起来，以此为我们的哲学思考设定边界；否则，哲学家将很容易遭受偷换概念的指责，其理论也不会受到认真对待。

在本章和上一章，我们探讨了美德对于幸福是必要的这一观点，但我们发现这一观点是站不住脚的。尽管有些人可能通过道德高尚的生活获得幸福，但从本质上讲，美德之于幸福并不是必要的。在下一章中，我们将探讨一种截然不同的幸福观，这种观点容易让人联想到享乐主义，因为它将幸福等同于一个人得到自己想要的东西或满足自己的欲望。

第四章

Chapter 4

幸福即欲望满足

到目前为止，我们已经批判性地评价了两种关于幸福的理论，一种将幸福等同于快乐，另一种将幸福等同于美德。因为这两种理论对幸福的理解过于狭隘，所以很容易找到反例来批驳。因此，我们对构建幸福本质的有关理论很感兴趣，即我们希望找到所有快乐的人所共有的一种或多种特质（某些共同点）。虽然有些人会将自己的幸福归因于快乐的体验或良善的品格，但这两种特质并不是所有快乐之人的共同点，因此它们都不能被看作幸福本质的一部分。

在接下来的三章中，我们将继续探究幸福的本质，并沿着新的方向进行探索，讨论重点将放在满足感作为幸福的关键特质上。将幸福视为满足的观点相当普遍，尤其是在当代文献中，所有人都同意满足感是实现幸福的必要条件。区分这一种幸福观的主要问题是满足感是不是实现幸福的充分条件，还是说在此基础上还需要满足一些额外的条件。

为了清楚表述，我将在下面三章中讨论基于满足的幸福观。本章中的理论家对满足感的定义都很狭隘，即仅仅指欲望之满足。相比之下，第五章和第六章中的理论家则在更广泛的意义上使用**满足**（satisfaction）一词，除了欲望达成的满足外，还包含一种满足的心理状态。

幸福的简单满足观

在本章中，我们将探讨的理论学者基本认同，幸福是通过最大程度地满足一个人的欲望来实现的，他们支持这一观点，即一个人的幸福水平与其能够满足的欲求数量成正比。我将这种观点称为"简单满足观"（simple satisfaction view），因为它除了将幸福简化为个人欲望的满足之外，没有对幸福的心理状态进行任何解释。

有关简单满足观的正式论证很少，似乎它是不言而喻的；在这方面，它与享乐主义有些相似，都被表述为某种无可争辩的常识。我怀疑许多简单满足观的支持者实际上是享乐主义者，因为两者都认为快乐是伴随欲望满足而来的感觉。如果快乐被定义为来自欲求的满足，且幸福等同于快乐，那么幸福就只是一种快乐的状态，追求幸福就是遵从享乐主义的观点。但是，赞同简单满足观并不意味着对任何特定的享乐主义观点的认同，两者还是需要加以区分。前文中，我们已经讨论了与享乐主义幸福观相关的许多问题。在此，我们将把简单满足观和享乐主义幸福观区分开来，并单独对简单满足观进行评判。

当代文献中存在多种关于简单满足观的表述。这些表述的共同之处在于，它们一致认为欲望的满足是幸福的必要组成部分。它们的不同之处在于各自所提出的附加条件。因此，如果一个人要达成幸福，除了满足欲求，还必须满足这些条件。在本节中，我们将从最简单的表述开始，然后在接下来的部分中讨论其他更复杂的简单满足观的表述。

松下正俊（Masatoshi Matsushita）明确阐述了简单满足观的极简版本："我们将幸福定义为欲望的实现。当我们饿的时候，就会想吃东西。如果我们吃饱了，就会很高兴。当我们渴望爱情的时候，找到合适的爱人，两人相亲相爱，会让我们感到幸福。所以幸福就是欲望的实现。"同样，大卫·高蒂尔（David Gauthier）指出，"我们会认为幸福的人是能够满足自己的需要或占有欲的人"。黛安·杰斯克（Diane Jeske）解释道，"当一个行为人在从事对她有主观价值的事情时，她就是幸福的"，这可以被理解为，当一个人实现全部或许多个人目标或愿望时，她会感到幸福。[1]

所有这三个说法都将幸福视为获得你想要的东西，并且三种表述都没有强加任何为达成幸福所必须满足的进一步的条件。我们可以这样来概括这一类观点：一个人的幸福水平将取决于他能够满足的欲望的数量，满足的欲望越多，幸福感就会越强；反之，幸福感就会越弱。然而，当这样表述时，就会出现一个明显的问题，即论点本身是非真的。在很多情况下，一个人的幸福感完全不受她已满足的欲望数量（或未满足的欲望数量）的影响。例如，我们完全可以设想这样一种人，他们所有的欲望都得到满足，但仍然不快乐。

---

1 Masatoshi Matsushita, "Happiness and the Idea of Happiness," in *The Good Life and Its Pursuit*, edited by Jude Dougherty (New York: Paragon House, 1984), 47; David Gauthier, "Progress and Happiness: A Utilitarian Reconsideration," Ethics 78 (1967): 79; Diane Jeske, "Perfection, Happiness, and Duties to Self," *American Philosophical Quarterly* 33 (1996): 268, 270.

在日常生活中，我们也常常会听到有人发出这样的抱怨："我得到了我想要的，但我仍然不快乐。"正如詹姆斯·格里芬（James Griffin）所解释的那样，"这听起来令人沮丧，却非常常见。虽然有的时候我们最强烈、最重要的一些愿望都得到了满足，但是我们并没有感到更加快乐。相反，我们可能还会感到失落，还不如欲望获得满足之前那么快乐"。吉恩·奥斯汀（Jean Austin）也提出了相似的欲望满足的困境，"我可能会想要某样东西，但当我得到它时却又不喜欢了"。对此，奥斯汀给出的幸福建议是，"享受当前所拥有的，而不要去追随欲求所指"。[2]

那么，再让我们来看一个例子，证明某人在实现了愿望的情况下也可能无法感到幸福。乔是一位作家，他将完成的手稿陆续寄给十家不同的出版商。他最大的愿望是能有一家出版商同意出版他的书；然而，事与愿违，他陆续收到了一些拒绝信，而每收到一封拒绝信都让他对愿望的实现增加了一份怀疑。乔不知道的是，最后一家出版商已经决定出版他的书。不幸的是，这封承载好消息的信在邮寄途中丢失了。虽然乔的愿望实际上已经达成，但由于他毫不知情，这种愿望的达成并没有改善他的幸福状态。乔仍然对之前收到的拒绝信感到焦虑，并陷于轻度抑郁之中。

简单满足观认为乔应该感到快乐，但他显然并不快乐。这一反例表明，只有愿望达成这一事实本身是不够的，行为人如何认知自己愿望达成这件事，也对促进行为人的幸福至关重要。对简单满足观来说，对乔的情况做出错误判断是其幸福表述中的一个严重谬误，因为这里所描述的情况在生活中并不罕见。任何时候，当一个人毫不知情，即使其愿望获得实现，她也不会感到幸福。因此，幸福在

74

---

2 James Griffin, *Well-Being*, Oxford: Clarendon Press, 1986, 10; Jean Austin, "Pleasure and Happiness," *Philosophy* 43 (1968): 56.

愿望达成、欲求被满足之外，还需要别的条件。

幸福的简单满足观：第二种表述

为了回应上述反对意见，理论家们认为，除了欲望满足之外，还要加入附加条件，即如果一个人要被认定是幸福的，就必须同时满足这些条件。例如，韦恩·戴维斯（Wayne Davis）提出了一种涉及信仰、欲望和感知的幸福理论。根据戴维斯的说法，"幸福就是一种感知，即主观认为周遭事情正在按照你想要的方式发展"[3]。为了论证戴维斯的观点，我们设定一个情境，假设现在我想要拥有美满的婚姻和稳定的工作，而且只拥有这两者，就足够让我感到幸福。根据戴维斯的观点，如果此刻我相信我拥有美满的婚姻和稳定的工作，那么此刻我就是幸福的。而且，我越强烈地希望（并相信）这两者如我所愿，我就会越幸福。戴维斯将一段时间内的幸福定义为，某人在一段时间内感受到的此刻幸福的平均值。举例来说，头五年中，你的婚姻的幸福程度就是你在这五年中经历的所有当下幸福感受的平均值。

此外，戴维斯还区分了欲望的客观满足和主观满足。根据戴维斯的说法，当我事实上获得我想要的任何东西时，即使我对欲望已经得到满足并不知情，我的欲望也获得了客观满足。每当我相信我的欲望已经得到满足时，主观满足就会发生，即便我的相信是非真的。戴维斯认为，"幸福取决于欲望的主观满足，欲望的客观满足最

3　Wayne Davis, "A Theory of Happiness," *American Philosophical Quarterly* 18 (1981): 113.

多只是间接地起作用"[4]。为此他举了一个例子，有人在报纸上看到自
己买的彩票中奖了。戴维斯认为，只要这个人相信自己是彩票中奖
者，他就会欣喜若狂，即使报纸上印刷的内容是错误的。戴维斯的
观点明显改进了之前的极简版简单满足观，他认为幸福是一个人认
为自己正在得到自己想要的一切的这种感知能力。在此，戴维斯将
个体如何主观感知自己的欲望满足纳入讨论范围，所以他的观点避
免了上一节中提出的作家乔的反例中的情况。

　　史蒂文·卢珀（Steven Luper）也提出了类似的说法，他认为
普通人的幸福应该由两部分组成：欲望的满足和"对这种满足的欣
赏"。卢珀的说法也避免了上一节中提出的反例，因为卢珀不仅要求
一个人的欲望得到满足，而且要求这个人有意识地认识到并欣赏它
们的实现。卢珀进一步解释道："满足我们的欲望很重要，但对这种
满足的愉快理解和欣赏也很重要。"[5]

　　回到作家乔的例子，因为乔不知道他的愿望已经得到满足，所
以他无法欣赏这种满足，也无法相信它已经发生。因此，乔未能满
足戴维斯和卢珀指出的有关幸福实现条件中主观认知的部分。两位
理论家会对乔的情况做出相似的判断，即认为他不幸福。

　　然而，戴维斯和卢珀版本的简单满足观也存在问题。例如，当
一个人明确认知到自己是对不道德或不明智（显然有害于个人福祉）
的事有欲望的时候，这些问题就会浮现出来。我们都知道，对一个
人来说，有一些快乐体验是需要尽力避免的，这更加符合个人福祉，
因为有些欲望一旦获得满足，就会毁掉一个人的幸福。哲学家理查

　　4　Wayne Davis, "A Theory of Happiness," *American Philosophical Quarterly* 18 (1981):
116.

　　5　Steven Luper, *Invulnerability: On Securing Happiness*, Chicago: Open Court, 1996,
37–38, 42.

德・勃兰特 (Richard Brandt) 和金载嫒（Jaegwon Kim）这样描述这种主观满足受到自我抑制的情况："一个人知道自己想要 p，同时又意识到他采取的行为是不好的，于是克制自己避免去做他认为会导致得到 p 的事情。"[6]

我们可以用一个例子继续讨论这个问题。一位天主教神父有强烈的性欲望，并与他所在教区的居民发生关系，同时，他也知道根据宗教教义的规定，他的这种欲望与行为在道德上是错误的。实施行动达成这一欲望将不仅损害他作为一名神父的声誉，而且也会让他失去生计。换言之，他将失去他所珍视并花费一生时间努力获得的一切。如果这位神父真的实施行动，并满足欲望，那么随之而来的后果就会让他感到非常不幸福。然而，根据戴维斯和卢珀的说法，幸福无非就是认识并欣赏你的欲望得到满足。如果按照戴维斯和卢珀的简单满足观理论行事，在上述情况下，牧师将做出令自己非常后悔的错误选择。在此案例中，神父的幸福是通过不实施行动满足欲望而得以维护的。

再来看另一个涉及鲁莽草率欲求的案例。马克最近心脏病发作，差点丧命。医生告诉马克，他必须戒烟，吃得更健康，并开始锻炼身体，否则他会死于心脏病复发。医生的建议和判断让马克感到恐惧，这种恐惧促使他采取更健康的生活方式。不幸的是，旧习惯很难打破，我们的欲望并不总为我们所控制。马克仍然渴望吸烟，并继续沉迷于吃不健康的食物，但他也意识到，抵制这些欲望，他就可以更加幸福地生活。戴维斯和卢珀的简单满足观理论会对马克的幸福做出错误的判断，因为如果马克满足了自己鲁莽草率的欲求，他反而会变得不幸福，甚至丧命。

76

6　Richard Brandt and Jaegwon Kim, "Wants as Explanations for Actions," *Journal of Philosophy* 60 (1963): 432.

幸福的简单满足观：第三种表述

罗伯特·所罗门（Robert Solomon）提出了一种稍显复杂的幸福观，将幸福等同于一种满足的存在状态，而不仅仅是欲求的满足。根据所罗门的观点，一个人只有实现其欲望所指的本真目的，才能获得一种满足的状态。比如，如果我的欲求是喝一杯酒，那么，只有喝点酒，我才会满足。但我还可以选择消除这种欲望，而不是满足这一欲望；比如，我可以选择去喝一杯苏打水。消除欲望也会带来满足的感觉，当然还不足以达成一种满足的状态。所罗门举例说："美食家和节食者都找到了摆脱饥饿感的方法，并为之感到满足。美食家选择满足进食欲望，节食者选择消除进食欲望。"[7]

此外，当一个人错误地相信自己的愿望已经实现时，她也可能会感到满足，但所罗门否认在这种情况下人们会获得一种满足的状态。所罗门认为，幸福类似于一种满足的存在状态，而不仅仅是感觉满足，因为幸福作为一种存在状态指向更为"持久"和"永恒"的状态，而感觉则更为短暂。所罗门举了一个例子："当我美美地睡了一觉，并在一个阳光明媚的早晨醒来时，我可能会感到满足。此时此刻，我暂时忘却了我的生活状况是多么悲惨，忘却了那些珍视渴求之事无一得以实现所带来的挫败感。但在此时，在阳光明媚的早晨醒来的我感受到的满足并不是真正的幸福。"因此，所罗门认为，"幸福不只是某一个欲望的满足，也不是一个人所有或者大部分欲望的满足，而是一个人所有欲望中最为重要的那一个的实现"。[8]

所罗门的观点与戴维斯和卢珀的观点相似，要求行为人意识到

7　Robert Solomon, "Is There Happiness After Death?," *Philosophy* 51 (1976): 191.

8　Ibid., 192.

她已经得到了她想要的东西，但他附加了一个补充条件，即该欲望 77
对于行为人有很重要的意义。这个附加条件在直观上很好理解，因
为当我们思考什么使一个人幸福或痛苦时，对其重要的事情肯定比
琐碎的事情更能影响一个人的情绪状态。如果一个人看到对其有重
大意义的愿望受挫，任何其他小愿望的达成都不能改善一个人的幸
福预期。例如，如果我刚刚被诊断出患有无法治愈的癌症，或者最
近失去了一位亲密的爱人，那么，无论满足多少其他琐碎的愿望，
我都无法达成真正的幸福状态。

鉴于应该不会有人将某种不道德或鲁莽轻率的欲望看作其最重
要的人生欲望，所罗门的幸福观避免了上一节提出的有关不道德欲
望的反对意见。虽然在那个例子中的神父希望与教区居民发生性关
系，但他留在神职人员队伍的愿望和维持其正直品格的愿望更为重
要。同样，虽然马克想抽烟和吃不健康的油炸食品，但他避免过早
死亡的愿望更为重要。因此，所罗门的幸福表述可以帮助在以上两
种情况下做出正确的幸福选择，因为他的观点意味着，当欲望满足
只是为了一些并不重要的事情时，满足那种不道德或鲁莽轻率的欲
望就不会增加一个人的幸福。

英国哲学家安东尼·肯尼（Anthony Kenny）曾将幸福描述为
"一个人主要欲望的满足，且相信这种满足会持续"[9]。这听起来很像所
罗门的观点，但肯尼并不相信一个人欲望的满足会自动带来幸福，因
为，在他看来，我们还必须考虑这些欲望的性质。他举了一个例子：
假设一个人唯一关心的是获取海洛因，并且他能够获得定期且安全的
毒品供应。虽然此人的主要欲望得到了满足，但肯尼并不愿意将其称

---

9 Anthony Kenny, "Happiness," *Proceedings of the Aristotelian Society* 66 (1965–
1966): 102.

为幸福，因为此人主要欲望的性质恶劣且危害巨大，这表明此人没有过上丰富而充实的生活，而在肯尼看来，这一点也是幸福所必需的。

肯尼认为，在实现幸福这一问题上，正是满足和丰富这两个因素的结合，导致了所谓的幸福悖论。他解释道："一个人的教育程度和敏感度越高，他获得'更高级'快乐的能力就越大，拥有的生活也就更丰富。然而，教育程度和敏感度的提高也会带来所欲事物的增加，相应地各种欲望得到满足的可能性也会降低。也就是说，教育习得和知性解放一方面有利于幸福，另一方面又会损害幸福。从丰富生活的意义上来说，二者会增加一个人获得幸福的机会；就欲望的满足而言，它们却会减少他获得幸福的机会。"[10]

理查德·华纳（Richard Warner）的说法与肯尼的非常相似，因为他相信幸福需要满足四个条件，每个条件都是必要的，且这些条件结合起来就足以帮助我们过上幸福的生活。根据华纳的观点，一个人要过上幸福的生活，必须满足以下条件：（1）重要欲望时常得到满足；（2）认识到这些欲望得到满足；（3）享受这些欲望的满足；（4）相信这些欲望是有价值的。[11]肯尼和华纳都同意，仅仅满足一个人的欲望并不会自然而然地带来幸福，因为人们还必须考量欲望的性质。两人对于幸福的表述都能够规避上一节中提到的涉及不道德或鲁莽轻率欲望的反对意见，因为这类欲望显然无助于人们获得丰富且充实的生活（肯尼的补充条件），并且没有人会认为这类欲望是有价值的（华纳的补充条件）。

然而，在另外一些情况下，所罗门、肯尼和华纳提出的简单满

10 Anthony Kenny, "Happiness," *Proceedings of the Aristotelian Society* 66 (1965–1966): 102.

11 Richard Warner, *Freedom, Enjoyment, and Happiness: An Essay on Moral Psychology*, Ithaca, NY: Cornell University Press, 1987.

足观复杂版本仍然存在问题。首先，让我们来看这样一个例子。苏是一位一直渴望成名、有抱负的女演员。经过多年的奋斗，苏终于在一部热门肥皂剧中担任主角，一夜成名。但随着时间的推移，她对自己的生活越来越不满意。即便她现在拥有了自己想要的一切，包括稳定的工作、认可、金钱、名誉，但她发现自己并不幸福。

苏的不幸福状态没有看上去的那么令人费解。就像我们身边一些不快乐的人一样，苏只是错误地判断了哪种生活方式是适合她的。苏以为她想要金钱和名誉，但在获得这些之后，她意识到普通人的生活让自己感到更加快乐。在成名前，她拥有更多的自由，有更多的时间享受生活，并且不会受到崇拜她的粉丝的骚扰。之前，她无法预知到自己的新生活会是这样，直到成名后，她才意识到自己很难适应这一切。

从所罗门、肯尼和华纳的三种幸福观来看，他们都会判定苏很幸福，尽管她自己会站出来说她并不幸福。此外，这些观点都无法解释苏为什么感到不幸福，因为苏的情况满足了所有提到的幸福条件。苏最重要的欲望已经实现，她有意识地认识到并欣赏这种满足。此外，苏想要成为一名成功女演员的欲望在任何方面都没有明显的缺陷；这个欲望本来可以使她的生活变得丰富且充实，这当然也是有价值的。因此，问题的关键不在于欲望的性质，而在于苏对欲望满足的反应。这个例子凸显了一句古老格言中蕴含的真理："小心你许的愿望，它可能真的会实现。"正如萧伯纳（George Bernald Shaw）所说："人生有两种悲剧。一种是失去了内心所欲。另一种是实现了内心所欲。"[12]

---

[12] George Loewenstein and David Schkade, "Wouldn't It Be Nice? Predicting Future Feelings," in *Well-Being: The Foundations of Hedonic Psychology*, edited by Daniel Kahneman, Ed Diener, and Norbert Schwarz (New York: Russell Sage Foundation, 2003), 85.

苏的不幸福清晰地提示了所有简单满足观版本所共有的一个弱点，那就是即便欲望得以满足，也未必能让人收获幸福。我们当前的所想所求涉及对未来感受的预估，当这些欲望实现时我们是否真正感到满意，存在一定的不确定性，这取决于我们预测的准确性。在某些情况下，预测我们未来的情感反应很容易。例如，当我希望常规血液检查或肿瘤活检正常时，一份证明健康的检查报告会令我感到满意。但在许多其他情况下，一个人很难真正明白，得到自己非常想要的东西会如何改变自己的生活。

心理学家一直在研究我们预测未来情绪状态的能力，他们发现，在很多情况下，人们很容易做出错误的判断。正如心理学家乔治·洛文斯坦（George Loewenstein）和大卫·施卡德（David Schkade）所解释的那样，"确实，在很多情况下，人们会系统性地错误预估自己未来的感受。比如，人们在婚后抱怨结婚过早；还有人空腹去买菜，结果发现饥饿感更强了；有人在荷尔蒙分泌的时候冲动求婚；有人看电影吃薯片的时候相信自己可以做到'只吃一片'；有人在寒冷的冬天决定夏天一定要去南方好好度个假；相信只要给自己涨10%的工资，自己就能过上'美好的生活'"[13]。在行为主体的欲望以上述方式出现偏差的情况下，仅仅满足这些欲望并不会增加幸福感，甚至还可能导致幸福感降低。各种有关幸福的简单满足观都无法对这些情况做出合理的解释。

所罗门、肯尼和华纳共同面临的另一个难以解释的情况是，行为主体欲求某种事物与该事物对其幸福感的贡献无关。理查德·勃兰特和金载媛在谈及人们动机的多样性时指出，当一个人欲求某种

13　George Loewenstein and David Schkade, "Wouldn't It Be Nice? Predicting Future Feelings," 86.

事物时，这并不意味着该事物本身就是其欲求的。"一个人可能想要的并不是这个事物，而是他觉得自己有事情可做，不会闲着。此外，我们应该注意到，一个人可能会因为被激励，例如出于职责的考虑去做一些事情，但因此而认为他对这些事情本身是有欲求的就错了。"[14]

我们可以通过一个案例进一步说明这种情况。约翰出身于军人家庭。当他上大学时，他的国家遭到恐怖分子袭击，并陷入战争。约翰决定从大学退学参军，但他并不是因为参军会让他感到快乐而选择参军。相反，他是因为认识到志愿参军保家卫国是他的义务而参军。约翰认识到，鉴于他的体质较弱，且对疼痛和不适的耐受力较低，他应该不会喜欢军营的生活。然而，约翰仍然希望参军，即使他知道这可能会牺牲他未来的幸福。我们可以设想，约翰入伍后过得相当痛苦。他想念大学、他的家人以及过去的舒适生活。现在他驻扎在异国他乡，却难以融入，时常感到孤独。然而，约翰相信自己正在为保家卫国的战争积极做贡献，所以他并不后悔，但同时他也在盼着回家的日子。

根据简单满足观，约翰参军的决定满足了他最重要的欲求，这应该让他感到幸福，或者至少增加他的幸福感。约翰显然符合所罗门、肯尼和华纳的幸福观所规定的所有标准，因为他认可自己重要且有价值的欲求得到了满足这一事实。然而，约翰在军队中却过得很痛苦，他的不幸福是由于欲求的满足而造成的。

所罗门、肯尼和华纳的幸福观还面临一个问题，即存在这样的可能性，幸福的来源可能与欲望的实现无关。简单满足观无法解释惊喜、幸运或随机出现的好运带来的幸福感的突然增强。例如，我

14　Brandt and Kim, "Wants as Explanations for Actions," 426.

所在的哲学系的系主任刚刚通知我获得了一个奖项。尽管之前我并不知道有这么一个奖项，也不清楚我怎么就被提名，但我获奖了，这个意外惊喜增加了我的幸福感。从简单满意观角度来看，在这种情况下，我的幸福感的增加是无法解释的，因为它不能归因于一个人先前所欲事物的满足。此外，许多意外惊喜之所以会增加我们的幸福感，正是因为它们不是我们先前所想要或期望的东西。例如，如果你在某个工作日的晚上意外地收到来自丈夫或男友的鲜花，这种惊喜带来的幸福感受可能会比你在生日或过节等特殊日子里收到鲜花所带来的幸福感受更强烈。

81

同样的推理也适用于坏运气和不幸的情况，也就是说，即便是这些情况与任何先前所欲的事物无关，它们也常常会降低幸福感。假设，你所在公司的老板宣布，你的一位同事获得一大笔奖金。尽管你事先对公司要发放这么一大笔奖金并不知情，你也可能会因没有获得这笔奖金而感到失望。在这种情况下，你的不幸福不能归因于欲望的挫败，因为你毫不知情，也没有赢取这笔奖金的欲望。但是，当你得知你的同事获得这笔奖金时，你发现自己仍然产生了强烈的不幸福感。

幸福的简单满足观：最终表述

本节我们来思考简单满足观的最终表述。这个最终版本试图兼容那些有关惊喜和好运的情况。V. J. 麦吉尔（V. J. McGill）在他的书中对有关幸福概念定义的争论进行了解释。麦吉尔认为，哲学家通常会给出关于幸福的截然不同的定义，这会让读者怀疑他们是否在谈论同一个概念。这个问题需要引起关注，如果哲学家们谈论的不是同一个概念，那么他们之间实际上并没有分歧或异见，同样也不需要去做幸福概念相关争议的逻辑论证检验。对此问题，麦吉尔回答道："幸福的每一种定义都是对某一个根本含义的特定方式的提炼，而这个根本含义是那些给出幸福不同定义的人所共同享有的。"麦吉尔将幸福的根本含义定义为"一种获得满足的欲望与欲望之间形成最佳比例的持续的个体经历事件的状态，需要补充说明的是：获得满足的欲望可以涵盖那些先前并无该种欲望生发，却因意外收获而带来的满足"。[15]

尽管麦吉尔的幸福观成功规避了有关意外惊喜的反例，但它仍然无法对渴望成名的女演员苏和出于责任感参军的约翰的幸福状态做出令人满意的判定。在获得满足的欲望与欲望之间形成最佳比例这一点上，苏和约翰都表现出色。我们可以看到苏已经获得了她想要的声望和成就，约翰则通过参军打仗来实现他保家卫国的愿望。按照麦吉尔对幸福的定义，苏和约翰都应该感到幸福，而实际上两人都不幸福。这里，麦吉尔对幸福的定义和其他本章中我们已经批驳过的幸福观犯了同样的错误。简而言之，基于简单满足观的幸福定义，无法处理苏这类因为个人误判所欲事物的情况；它们同样也无法处理约翰这类出于与幸福完全无关的原因而渴望某事物的情况。

与我们在本章中讨论的其他简单满足观下的幸福定义一样，麦吉尔观点的问题在于其幸福定义中对欲望满足的依赖。可以说，即便是最复杂的简单满足观，也无法令人满意地解释许多相当普通的幸福和不幸福的经历。这个问题似乎与简单满足观将幸福与欲望满足等同起来有关，一旦将两者等同起来，无论添加多少个附加条件，仍然会出现反例。反例表明，欲望的满足对于幸福来说既不是必要

15　V. J. McGill, *The Idea of Happiness*, New York: Frederick A. Praeger, 1967, 5.

的也不是充分的，从而对持有简单满足观的幸福理论家提出的观点提出了挑战。驳论者会提出，欲望满足对于幸福不是必要的，一个人可以因惊喜或获得其他先前并不欲求的意外礼物而感到幸福；欲望满足对于幸福也是不充分的，因为一个人可以得到她所欲的，但仍然感到不幸福。如上所述，我们有足够的理由反对把简单满足观等同于幸福的理论。

我猜测，一些哲学家将幸福简单视作欲望满足是因为两者通常伴随相似的情感体验。当我们得到我们想要的东西时，我们常常感到满足；当我们的愿望受挫时，我们常常感到不满足。正如我们所见，这种推理的问题在于，除了获得一个人所欲的事物外，幸福可以在其他情况下发生或达成。支持简单满足观的幸福理论家与享乐主义者犯了同样的错误，即他们将幸福的一种可能来源（欲望满足）错误地视作幸福的本质。正如我们常常会在不令人愉快甚至痛苦的体验中感到幸福一样，我们也可以在欲望没有得到满足的情况下感到幸福。

请注意，麦吉尔所涵盖在幸福定义中的附加条件之所以能规避有关意外惊喜的反例，正是因为它放弃了对简单满足观的坚守，转而接受一种更宽泛的对满足感的理解。在下一章中，我们讨论的幸福理论将完全避开欲望满足，而是将幸福与满足感等同起来，以便改进幸福的简单满足观。

第五章

Chapter 5

满足感之外的幸福条件

　　本章和第六章的理论家们敏锐地觉察到幸福与满足感之间的紧密关联，从而成功解决了困扰简单满足观的一些问题。他们都同意，幸福是个体的一种心理或精神状态，而非现实世界的一种状态，比如你的欲望得到满足。从幸福这个词在日常生活中的使用方式可以看出，我们往往将幸福等同于满足的心理状态。例如，很难理解有人会说，"我对自己的生活完全不满意，但我却对此感到快乐"或者"那些对我来说重要的事物都让我感到很满意，但我却感到非常不快乐"。无论哪种情况，我们都会怀疑这个人头脑中是不是并不存在"幸福"的概念，或者此人对某些事物的认知存在病态的错误，因为上述陈述明显自相矛盾。

　　本章和第六章的理论家们都同意，对生活感到满意是幸福的必要条件；他们的主要分歧在于这一条件是否充分。本章的理论家认为，对生活感到满意并非幸福的充分条件，这使得他们纳入了要实

现幸福而必须满足的各种条件（除了满足感之外的附件条件）。相
反，第六章中的理论家则认为，对生活感到满意，对于幸福来说既
是必要的也是充分的。

85

本章中，根据相关理论在评判个体幸福时所采用标准的严格程
度差异，我会将它们分为两大类进行讨论。第一类理论采用了最为
严格的幸福评判标准，但这种幸福观存在前后矛盾的问题。第二类
则采用了更温和的评判标准，但也经不住推敲。

规范性幸福观

约翰·凯克斯（John Kekes）将幸福描述为个体对自己整个生活
的持久满足，他认为这是幸福的一个核心且无可争议的方面。他对
快乐的人进行了以下描述：

> 那些享受这种满足感的人希望他们的生活大体维持现状；
> 如果被问到，他们会说一切进展顺利；他们最重要的欲求是得
> 到满足；他们正在为自己想要的一切而忙碌，也得到了很多他
> 们想要的东西；他们经常体验到喜悦、满足和快乐；他们对自
> 己的生活没有矛盾分裂之感；他们不经常被根本的内心冲突所
> 困扰；他们不会陷入持久的抑郁、焦虑或沮丧；他们对自己做
> 出的重要决定没有过多的遗憾；他们也不受诸如怨恨、愤怒、
> 嫉妒、内疚、羞耻或嫉妒等负面情绪的支配。[1]

1　John Kekes, "Happiness," in *The Encyclopedia of Ethics*, edited by L. C. Becker and C.
B. Becker, New York: Garland, 1992, 644–650.

　　凯克斯描述了一个幸福的人所拥有的满足的心理状态。人们可能会对凯克斯使用"得到他们想要的东西"这样的言辞感到惊诧，这让人想起我们刚刚驳斥过的简单满足观。不幸的是，本章中的一些理论在涉及幸福的定义中确实提到了欲望的满足。例如，理查德·克劳特（Richard Kraut）如此描述一个人的幸福生活的状态："他很高兴活着；他判断，总的来说，他最深切的欲望正在得到满足，他的生活状况也正在向好的方向发展。"[2] 然而，需要说明的是，本章中的理论并不完全和简单满足观一样受制于我们提出的驳斥意见，因为它们没有将幸福等同于欲望满足。相反，他们相信幸福是一种满足的**精神状态**。因此，我们不应因他们选择带有混淆性的术语而感到困惑，我们在讨论本章理论时更应该关注这样一个问题：幸福应该等同于满足的心理状态，还是其他？

　　虽然本章中的理论家都认为，对生活感到满足是幸福的必要条件，但他们否认这是充分条件。他们认为，除了满足感之外，一个人还必须符合某些规范性要求才能被认定为幸福。这些规范性要求将诸如满足状态的因果来源这样的因素纳入考量范围。我将这种观点称为"规范性幸福观"，因为这些理论家认为幸福受规范的约束，这些规范可以被用来批评或纠正一个人有关自身幸福状态的真诚表述。根据本章理论家的说法，一个人可能会认为自己很幸福，但这种认识可能是错误的。例如，如果一个人获得幸福的方式并不被这些理论家所认同，又或者她未能满足这些理论家对幸福的要求之一，那么即便她自认为是幸福的，这些理论家也不承认。对此，让·奥斯汀（Jean Austin）解释道："要判定一个人幸福，就要评价这个人的整体状况，当然，这个人对自身状况的反馈也是整体状况的一部

86

2　Richard Kraut, "Two Conceptions of Happiness," *Philosophical Review* 88 (1979): 170.

分。"规范性幸福观的理论家认为，对一个人幸福状况的评价，"必须符合其所生活的社会大众能接受的标准，并排除那些违背这些标准的情况"。[3]

规范性幸福观与我们将在下一章讨论的基于生活满足的幸福观有着显著的差异。根据后一种观点，说某人幸福仅意味着她处于某种特定的精神状态，即对自己的生活感到满意或满足。基于生活满足的幸福观并不关心一个人如何或为何处于这种状态。这种观点认为，一个人的幸福状况与所处世界中实际发生的事件之间没有必然联系，一个人可能在生活的一些重要方面被彻底蒙蔽，但只要这个人对其生活感到满意，那这个人仍然可以是幸福的。

规范性幸福观的理论家反对基于生活满足的幸福观，他们认为这种幸福观未能区分被迷惑、下药或借助虚拟现实机器感到快乐的人和基于正当理由感到快乐的人。因为这种幸福观切断了一个人的幸福精神状态与所处世界发生事件之间的外在联系，这种观点的信奉者会判定上述这些人都是幸福的，即便对他们的实际生活状况的评估并不支持他们的满足状态。

87 这两种幸福观是有区别的，其中之一是基于生活满足的幸福观认为关于幸福状态的评价类似于一个人的精神状态评估报告。例如，如果乔报告说他渴了，人们就无法通过说"不，你不渴；你已经喝够了"来予以纠正。只要乔知道口渴的意思并且说的是实话，人们就无法纠正或伪造乔的第一手自我评估报告。持有生活满足感幸福观的理论家相信，幸福也遵循类似的逻辑。如果一个人诚实地说自己幸福，只要她理解幸福这个概念，并说了真话，那么她就是幸福的了。生活满足感幸福观认为，一个人不会对自己的幸福产生错误

---

3 Jean Austin, "Pleasure and Happiness," *Philosophy* 43 (1968): 53.

的判断。

　　相反，规范性幸福观认为，当一个人说自己幸福时，这个人是在发表评价或做出评价性判断。评价性判断单靠自我评述是不够的，还需要满足某些标准。例如，当某人做出"这里很冷"或"那是一个漂亮的花瓶"这样的判断时，就会涉及一定的评价标准。人们可以以未达到必要的评价标准为由质疑这种判断，从而证伪这种判断。规范性幸福观认为，一个人必须满足某些标准才能判定为幸福。尽管在这些标准的性质和严格性上存在分歧，但这一派的所有理论家都同意，个体对其幸福状态的描述不足以用来判定其是否幸福。

评价幸福：第一类表述

　　让我们首先来看 R. M. 黑尔（R. M. Hare）的表述，他关于幸福的著作清晰地阐述了规范性幸福观。根据黑尔的说法，当一个人判断另一个人是否快乐时，这个人"正在进行一个相当复杂的评价过程"，因为"这个做出判断的人正在评价另一个人的生活；但不完全是出于评价者自身的角度"。[4]

　　当我们说某人是快乐的时候，我们是在用这个人的标准来评价这个人的生活。例如，如果我是一名厨师，而你恰好讨厌做饭，那么你应该尝试采纳我对烹饪的看法，然后再判断我作为一名厨师是否快乐。仅仅因为你讨厌做饭，就认为我不快乐显然是不合适的。黑尔注意到评价者的兴趣可能与幸福状态受到质疑的人的兴趣有很大不同。如果完全从评价者的角度来判断幸福与否，黑尔就不得不

4　R. M. Hare, *Freedom and Reason*, Oxford: Oxford University Press, 1969, 126.

88 接受从厨师这一例子中得出的荒谬的结论。相反，他解释道："做出判定别人是否快乐的决定，是一种想象力的锻炼。"[5] 在评判一个人的幸福时，我必须站在这个人的角度想象自己，考虑这个人的品味和偏好。例如，贵族可能喜欢狩猎这项运动，我对此并无任何兴趣，但我仍然可以认可这种幸福，只是我的认可并不意味着我过上贵族的生活就会快乐。

　　然而，黑尔也提出要对评判幸福时应考虑的个体偏好类型进行限制。黑尔认为，只有当我们（评价者）认可行为主体的满足感来源时，我们才可以对其进行幸福评判。如果一个人从事一项我们认为令人厌恶的活动，但这个人却获得了非常大的满足感，黑尔认为我们应该否定这个人的幸福。为了说明这一论点，黑尔给出了"精神缺陷者"的案例，即只能欣赏最基本的快乐和痛苦的人。我们想象一下，这个人能够得到他想要的东西，并规避他不喜欢的东西，我们是否应该说这个精神缺陷者是快乐的？黑尔的回答是，我们应该否定他的幸福，因为需要考虑他的病症即这个精神缺陷者无法感知和欣赏各种事物。"我们应该想一想那些我们可以享受到的各种各样的事情，比如下棋，这些是他永远无法知道的；因此我们应该倾向于做出这样的判断：'他并不是真的快乐'或'他并不是完全意义上的快乐'。"[6]

　　因此，根据黑尔的说法，一个人对生活的满足与否并不足以判定这个人是否幸福。在我们说此人快乐之前，还必须考虑这种满足的原因，因为此人还必须参加常规性的活动。黑尔的论证如下："既然我们要做的是评价，而不是事实陈述，我们就不能只满足于仅记

5　R. M. Hare, *Freedom and Reason*, Oxford: Oxford University Press, 1969, 126.

6　Ibid., 127.

录一个人如何从自身的角度评价自己的生活；我们自身还必须做出评价，而不仅是依据别人的评价。"[7]

J. J. C. 斯玛特（J. J. C. Smart）在谈到幸福时也表达了类似的观点："指称一个人'快乐'不仅表明此人在大部分时间都感到满足……而且，我认为，这在一定程度上是表达对这种满足和享受形式的赞许态度。也就是说，如果 A 指称 B 是'快乐的'，A 必然对 B 目前的心理状态表示认可，而且 A 对自己也处于类似心理状态的情况同样感到满意。"[8]斯玛特同意黑尔关于幸福带有评价性特征的观点，他认为当我们称某人快乐时，我们不仅是在反馈与报告那个人的精神状态，而且也是在认可这个人的满足状态和背后的原因。

然而，斯玛特认为幸福这个概念既有评价性特征，也有描述性特征。他认为，幸福概念带有一定的描述性特征，因为去指称一个处于痛苦状态中、对生活毫无享受或极度不满意的人快乐是荒谬的。指称某人快乐是在描述（至少部分描述）此人的心理状态。斯玛特认为，幸福包含在不同时期获得的快乐体验，就像气候潮湿就意味着在不同的季节都会有降雨；他认为幸福的必要条件是行为主体"在大部分时间里感到相当满足，并适度享受生活时光"。[9]

罗伯特·辛普森（Robert Simpson）将一个人的满足感描述为做或达成她认为值得的事情所带来的感受。辛普森认为这是幸福的必要但非充分条件，因为除了追求并达成自己的目标之外，这些目标本身也必须是有价值的。因此，如果一个人通过完成一些无意义

89

---

7 R. M. Hare, *Freedom and Reason*, Oxford: Oxford University Press, 1969, 128.

8 J. J. C. Smart, "An Outline of a System of Utilitarian Ethics," in *Utilitarianism: For and Against*, edited by J. J. C. Smart and Bernard Williams, New York: Cambridge University Press, 1973, 22.

9 Ibid., 22–23。

的任务来获得满足感，那么在辛普森看来，此人就不能被认为是快乐的，因为这不是一个有价值的目标。辛普森解释道："一个人可能声称自己是快乐的，因为他拥有生活中想要的东西，而且他的打扮和举止也佐证了他的这种说法……然而，如果我们无法对他投身所从事活动的价值做出肯定性的判断，那么仅凭这些个人言行反馈的证据就不足以让我们称其是快乐的。"[10]辛普森的幸福观与黑尔和斯玛特的观点很相似，因为他也在评判幸福时加入了评价要求。在对一个人的幸福做出判断之前，我们必须首先考虑其满足感的因果来源。如果一个人未能投身从事正确（有价值）的活动，无论其有多么享受这些活动，辛普森都不会称此人是幸福的。

林恩·麦克福尔（Lynne McFall）将幸福描述为拥有一种趋向肯定自我生活的稳定性情，但她认为，幸福的主体还必须"过着……值得肯定的生活（根据某种本身合理的标准来判断）"。根据麦克福尔的说法，幸福的判断包括有关以下因素："（1）一个人的一系列重要欲望（a）得到实现并且（b）是成功的；（2）个体因此而感到满足。"[11]然而，仅做出上述判断尚不充分，因为它还必须合理，即"满足理性的要求"。像斯玛特一样，麦克福尔的幸福观同时采用了评价性标准和描述性标准。描述性标准涉及主体的满足感，麦克福尔将其称为满足一个人的一系列重要欲望。但这个条件还不够充分，因为幸福还具有评价性的成分，它要求一个人的欲望事实上得到满足并被视为成功。当主体认为一个欲望是好的时候，这个欲望的实现才可被视为成功。因此，麦克福尔的解释意味着活得快乐要求一个人对自己的生活感到满足，而这种满足建立在此人相信自己的欲望

90

10　Robert Simpson, "Happiness," *American Philosophical Quarterly 12* (1975): 173.

11　Lynne McFall, *Happiness*, New York: Peter Lang, 1982, 18, 35, 93.

既得到实现又是好的，并且此种信念必须是真的。

　　根据麦克福尔的观点，如果主体对其生活的满足感无法进行理性证明，那么无论她自己感觉多么满足，都无法被视作快乐。就像我们讨论过的其他规范性幸福理论家一样，麦克福尔坚决否定在幸福问题上主体的第一人称权威。尽管一个人可能会对自己的生活感到满足，但如果此人的幸福无法通过理性证明，此人的判断便是错误的。麦克福尔的观点也意味着，幸福并不是每个人都能获得的，因为并非所有人都具备满足特定的评价标准所需的心理（理性）能力。例如，麦克福尔认为"快乐的白痴"便属于那些无法获得幸福的人，因为此类人无法凭借理性肯定自己的生活。[12]

　　所有规范性幸福理论家都认同，对生活感到满足是幸福的必要条件，但他们否认这是充分条件，因为幸福还需要满足某些规范标准。在这里，我们必须提出一个问题，即施加这些标准是否合适。接下来，我会论证这种规范性观点是一种不合理的幸福概念阐释，因为有关幸福状态的陈述不能被视为需要对标某些标准的评价性判断，例如有关幸福的目标或欲望是否"有价值"或理性上可证。下面，我将主要就黑尔提出的解释进行批驳，因为黑尔的解释最为详尽；然而，这些批驳意见也适用于我们刚才提到的所有幸福理论家。

　　让我们从规范性理论家的核心主张入手，即幸福的判断涉及某种评价。根据黑尔的说法，这种评价存在认同和不认同两种情况。当我们不认同幸福主体的价值观时，我们就会否定主体的这种幸福。具体来说，针对诸如喜欢狩猎和射击的贵族以及喜欢烹饪的厨师这类案例来说，即便这些幸福价值观点可能与我们所持的观点不同，但我们应该认同幸福主体的观点，并宣称这些人是幸福的。但是，

12　Lynne McFall, *Happiness*, New York: Peter Lang, 1982, 35.

对于精神有缺陷的人，考虑到他贫乏的生活，我们则应该否认他的幸福。

这里的问题是我们如何区分这两种情况。即便是在我们无法感受并认同贵族之幸福的情况下，黑尔也愿意判定贵族幸福，那么，为什么同样的推理不能适用于精神缺陷者呢？在黑尔讨论的这两种情况中，幸福主体均包含了我们作为评判者无法认定的个人偏好。然而，正如黑尔在贵族的例子中所承认的那样，我们的偏好与贵族是否幸福完全无关。果真如此的话，同样的推理也应该适用于精神缺陷者。

我认为，对上述这两种情况进行区分会使幸福判断出现偏差，从而导致各种荒谬的结论。用于否认精神缺陷者幸福的推理也可以用来否认我们任何一个人的幸福，理由仅仅是我们对生活做出了他人无法认同的选择。例如，如果一个人选择保持单身或不生孩子，那么，谈论者就有理由说"看看你错过了什么！"，进而否定你的幸福。但为什么不结婚或不生孩子就一定会导致不幸福？难道仅仅因为谈论者不认可这种选择，就可以否定一个人的幸福了吗？

此外，对于所有介于贵族和精神缺陷者之间更为模糊且难以判定的案例，我们该如何来辨别呢？对于热爱音乐或一心一意专注于理论物理或数学的"精神缺陷者"来说，我们如何知道该采用谁的价值观来予以评判呢？对于那些花费大量时间观看体育运动（例如足球或高尔夫球）的人来说，我们又该如何评价？对于职业保龄球手、演员或超级模特，我们又该如何评价？我们是应该顺着评判者的观点，将这些活动看作像狩猎和国际象棋一样有价值？还是说，我们可以将其中一种人归入精神缺陷者的类别，从而否认他们的幸福？我们不清楚如何确定，某人在何种情况下"在最完整的意义上"是真正幸福的；同样，我们也不清楚何时我们应该说"他并不真正幸福"。规范性幸福理论家只是简单假设哪些活动人们认为是有价值的，哪些活动是令人反感的，为此达成一致意见。但正如这些例子所表明的，有很多关于幸福的评判处于模糊的地带；不幸的是，这些规范性幸福理论家并没有提供足够的信息，指导我们如何区分这些不同情况。

这些问题的产生是因为规范性标准的介入允许第三方在判断他人幸福时引述自己的价值观。这些价值标准将幸福变成了一种反映个人偏好的概念，但它无法告诉我们任何有关主体自身状态的信息。幸福判断变成了反映评判者个人好恶的描述，偏离了对主体或其所持价值观的描述。这与我们一开始对幸福概念的理解相去甚远，而且它显然不反映我们今天惯常使用幸福这个词的方式。一般来说，当我们称某人幸福时，我们指的是这个人对自己生活的感受，这反映了此人自己的价值观和偏好，而不是我们的。 92

根据黑尔的说法，贵族的例子说明了为什么不应该"完全从评判者自己的角度"做出幸福判断。贵族很幸福，因为"这就是他喜欢的生活方式"。[13] 贵族的例子清楚地表明，当对他人的幸福进行评判时，并不适合引入评判者自己的价值观念。然而，黑尔对精神缺陷者和对贵族的幸福分析自相矛盾，并将幸福变成了一种对现实毫无用处甚至有点武断的概念。

黑尔试图通过诉诸评判者的想象力来证明贵族和精神缺陷者之间的区别。在黑尔看来，如果我能通过他人的眼睛成功地观察世界，就像贵族的例子那样，那么我就能理解他人在从事那些我所不感兴趣的事情时所感受到的幸福。而精神缺陷者被认为在价值观和兴趣方面存在严重的问题，以至于任何有理智的人都不会愿意通过此类

13　Lynne McFall, *Happiness*, New York: Peter Lang, 1982, 126.

人的眼睛来看世界。因此，黑尔认为我们可以得出这样的结论：精神缺陷者没有能力感受幸福。

然而，依靠"想象力"来说明并区分这两种情况的合理性，也是值得怀疑的。显然，人们感同身受的能力会有所差异，而这将导致他们做出的幸福判断存在巨大的差异。例如，作为一个相信动物权利的严格的素食主义者，我无法想象有人会以杀死小动物为乐，在我看来，这是在虐待动物，令人反感。在这种情况下，我将无法认同贵族的幸福，然而黑尔却会毫不犹豫地站在贵族的立场上，欣然判定贵族是幸福的。但是，究竟谁对贵族是否幸福的判断是正确的——我还是黑尔呢？此外，为什么贵族的幸福要由谈论者的想象力这种武断的东西来决定呢？如果贵族（亦或是厨师、超级名模、职业高尔夫球手或精神缺陷者）对自己的生活感到满足，这还不足以证明他的幸福？令人感到疑惑的是，为什么要允许第三方来推翻主体自己对幸福的陈述。

有些规范性幸福理论家可能会对这种反对意见做出回应。比如，黑尔认为"并不是因为想象力的问题让我们不愿意称他（精神缺陷者）是真正幸福的"，而是因为我们厌恶这样做。在黑尔看来，正是这种集体的"厌恶"可以解释：为什么我们应该否认一个人（精神缺陷者）的幸福，而不是另一个人（贵族）的幸福。

但这种辩护言辞对规范性幸福理论家的帮助极为有限，与依赖那些变化无常的想象力并无太大差异。如何来确定我会厌恶"该厌恶的事物"（例如精神缺陷的生活），而不是不该厌恶的事物（例如狩猎运动），这是一个难题。此外，我们可能会对幸福做出相互矛盾和带有偏见的判断，因为谈论者在判断是否"厌恶"他人的信念和价值观时会受到自己的信念和价值观的影响。这些问题表明，规范性理论家关于幸福同时具有评价性和描述性成分的说法是缺乏根据的，我们应该摒弃针对一个人何时幸福所施加的规范性限制。如果关于什么是美好生活，或者什么是有价值的生活方式缺乏普遍共识，规范性理论家就没有理由在某些情况下承认幸福，而在其他情况下做出武断的否定。通过对幸福施加这种限制性的规范，这些理论家扭曲了我们对幸福的日常概念的认知，进而让幸福概念变得毫无实际意义。

评价幸福：第二类表述

我们接着分析另一部分幸福理论家的看法，他们对幸福同样持有规范性的观点，但他们试图对幸福判断施加不那么严格的标准。我将从理查德·克劳特（Richard Kraut）入手，他有关幸福的观点被称为"当代被广泛讨论的幸福哲学理念"[14]。首先，克劳特同意其他规范性幸福理论家的观点，即幸福并不是纯粹描述性的，因为有关幸福的描述本身也呈现出人们对生活的积极评价。克劳特反对那种在他看来是"极端主观主义"的幸福观，即"幸福是一种心理状态，仅此而已。此外，根据这种幸福观，幸福还包含一个人正在得到自己所欲的重要事物的信念，以及通常伴随着这种信念的某些愉快情感"[15]。生活满足感的幸福观可以被看作克劳特所拒绝的那种极端主观主义的例子，因为它允许一个人只要对自己的生活感到满足就可以被判断为幸福，无论这个人的满足是否有保证或合理。

克劳特反对极端主观主义的幸福观，因为他不认为一个人对自

94

14　Deal W. Hudson, *Happiness and the Limits of Satisfaction*, Lanham, MD: Rowman and Littlefield, 1996, 116.

15　Kraut, "Two Conceptions of Happiness," 178.

身幸福状态的真诚描述就足以判定其幸福。相反，他认为当我们称某人幸福时，我们是在做出一种评价，这意味着此人的生活符合一定的标准。然而，克劳特也同样反对我们刚才讨论的较为严格的规范性幸福观，因为他认为判断幸福的相关标准应该由主体和主体的个人目标决定。正如克劳特解释的那样，"一个人要生活得幸福，或者拥有一个幸福的生活，就必须获得其所珍视的所有重要的东西，或者接近这个标准"。但这不是幸福的充分条件，因为"一个人还必须认同其所珍视的东西是真正有价值的，而不仅仅是一系列糟糕的替代方案中相对最好的一个"[16]。

因此，根据克劳特的说法，当一个人说她很幸福时，她是在对自己的生活做出积极的评价，这意味着她很满足，因为她正在做她认为有价值的事或得到她认为有价值的东西。满足的状态对于幸福来说是必要的，但还不够，因为"一个人可以在远未达成自己目标的时候，也对自己的生活感到满足和幸福，只要此人相信她正在达成这个目标"[17]。为了消除误解，克劳特引入了一个额外的条件，即一个人相信自己幸福这件事必须合理可证。克劳特观点中的规范性因素正是伴随着这一条件而产生的。根据克劳特所提出的条件要求，一个人是否达到她自身设定的幸福标准，这个问题应允许大众评判，主体在判断自己的幸福时并不具有第一人称的主观权威性。如果她被评判达不到自己的幸福标准，那么无论她对自己的生活感到多么积极，她都无法被认定是幸福的。

举例来说，简对自己的生活极为满意，因为她相信自己的婚姻十分成功。然而，简大错特错了，因为她的丈夫与他的女秘书有染。鉴于这些情况，克劳特认为简并不幸福；简事实上没有达到自己设

95

16　Kraut, "Two Conceptions of Happiness," 179, 180.

17　Ibid., 179.

定的婚姻成功标准，所以她的幸福是无法证实的。克劳特倾向于否认任何对自己的生活抱有幻想或与现实脱节的人的幸福。因此，在他看来，任何因欺骗、毒品或使用虚拟现实机器而获得幸福的人，以及任何在误导下感到幸福的人，都无法被认定是幸福的，不管这类人对自己的生活感到多么满足。

尽管克劳特认为一个人对自己幸福的判断可能是错误的，但他认为个人幸福标准不应该受到他人批评。在克劳特看来，我们不能因为评判一个人的行为不恰当或无意义，或是认为一个人珍视的事物是坏的，就去否定一个人的幸福。对于克劳特来说，评判一个人幸福的唯一方法是看主体是否实现其所珍视的一切。至于判定什么是有价值的，或必须满足什么标准才是幸福，这完全由主体自己决定。因为克劳特允许主体决定自己的幸福标准，所以他的解释规避了我们在上一节中提出的针对规范性幸福理论的批驳意见。

另有一些当代幸福理论家赞同克劳特对幸福评判的分析。他们同意克劳特的直觉性判断，即引入外部标准来评判一个人的幸福是不合适的。但他们同时也明确表示，个人自我的满足感评估对幸福评判是不充分的。例如，罗伯特·诺齐克表示，如果对一个人幸福的判断是基于此人完全错误的感知，那么他不愿意称此人幸福。他进一步说："如果一个人的情感状态是基于极其不合理和错误的自我评估，无论他自我感觉如何，我们都不愿意称之为幸福。他应该对自己的状况有更清楚的认识。"[18]

同样，瓦迪斯瓦夫·塔塔基维奇（Wladyslaw Tatarkiewicz）将幸福定义为对生活感到持久、完全且合理的满足。针对幸福的条件，他还补充说，"这是可证实的满足"，以排除所有基于幻想或欺骗达

18　Robert Nozick, *The Examined Life*, New York: Simon and Schuster, 1989, 111.

成幸福的情况。[19] 根据塔塔基维奇的说法，尽管这些沉浸于幻想的人可能会感到满足，但我们不应该称他们为幸福。

约翰·凯克斯表达的幸福观与克劳特的非常相似，因为他相信，当人们对自己的生活感到满足并且他们的满足感是理性可证的时候，他们就是幸福的。凯克斯认为，幸福的标准在本体论上是主观的，但在认识论上是客观的。在本体论上主观是因为幸福标准的制定取决于主体，这些标准反映的是主体的价值观、优先事项和目标。与克劳特一样，凯克斯也不认同第三方可以挑战或批评主体在标准制定方面的决定。然而，主体是否真的成功达成自己的标准，这是一个客观问题。这意味着任何第三方都可以来评判这个问题，而主体并不处于做出评判的特权地位。凯克斯解释道，一旦主体确立了目标，就会存在一个客观事实，即主体是否真正达成其所追求的目标。但是主体可能对自己是否达到了自己制定的幸福标准存在误判。凯克斯和克劳特都认为，如果主体的实际生活状况无法合理地佐证主体的满足感，也就是说，她没有达到她自己制定的主观标准，那么无论她自己感觉多么满足，她都无法被判定是幸福的。

最后来看朱莉娅·安纳斯的观点。安纳斯认同幸福概念的现代理解"在内容上极其灵活"，这意味着它不会对个人在评判自己的幸福时可能采用的不同标准施加限制。对什么给人带来幸福这个问题，幸福概念的现代理解允许存在多样性的答案。安纳斯说，我们"愿意承认几乎任何事情都可以给人带来幸福"[20]。她进一步解释道："现代的幸福概念是主观的。如果我认为我在某个特定的时间是幸福的，那么我就是幸福的。"[21]安纳斯认为，正是现代幸福理论的主观性，造

19　Wladyslaw Tatarkiewicz,"Analysis of Happiness," *Melbourne International Philosophy Series*, vol. 3 (Warsaw: Polish Scientific Publishers, 1976), 13.

20　Julia Annas, "Should Virtue Make You Happy?" *Aepiron 35* (2003): 13.

21　Julia Annas, "Virtue and Eudaimonism," *Social Philosophy and Policy* 15 (1998): 51.

成了古代幸福观和现代幸福观之间的巨大鸿沟。安纳斯认为，古代幸福观认为幸福来自一种具有美德的生活，而现代幸福观则允许人们自由决定是什么让他们幸福，对幸福的来源完全不施加限制。

　　然而，和我们谈及的其他规范性幸福理论家一样，安纳斯并不认为我们现代的幸福概念纯粹是主观的。她认为由于其形成带有"各种互不相容的来源"，导致现代幸福概念"包含几种不同且不相容的元素"。[22] 像其他规范性理论家一样，她不认为幸福只与处于一种正确的精神状态有关，也不认为满足感就是幸福的充分条件。为了说明她自己的幸福观，安纳斯给出了这样一个例子。她有一位同事在给商学院的学生授课，他向全班同学询问什么是幸福生活。班上的同学列举了各种生活中人们认为和幸福相关的奢侈品，包括拥有大房子、汽车和物质财富。然后他请同学们想象一下，如果他们有一位富有的亲戚去世了，并把所有的钱和各种奢侈品都留给了他们。最后他问大家这是否会让他们幸福，班上绝大多数人的回答是"不会"。[23]

　　安纳斯认为这种回应表明，我们现代的幸福观念不仅仅是得到你想要的东西，"它还包含着对过何种生活的思考，对如何积极主动生活的思考，绝不仅仅是去被动地接受金钱和其他物质财富"。她认为，我们现代的幸福观念与成就事业和主动生活的想法有紧密联系，学生们的回应暗示："我的幸福必须包括我过上好的生活。"因此，她拒绝一种纯粹主观的幸福概念理解，因为它"遗漏了在自我反思中发掘出来的一些重要且更客观的因素"。[24]

　　与克劳特和凯克斯一样，安纳斯愿意让主体自由决定她希望实

（97）

22　Julia Annas, "Virtue and Eudaimonism," *Social Philosophy and Policy* 15 (1998): 53—54.

23　Annas, "Should Virtue Make You Happy?," 18–19.

24　Ibid., 19.

现的目标。安纳斯相信每个人都会基于自己的价值观和优先事项形成什么是好的生活的看法，这有助于每个人构建自己的追求。对于安纳斯来说，幸福必然与成就有关，幸福意味着一个人实际上正在达成她的目标。因此，和克劳特以及其他规范性幸福理论家一样，安纳斯会否定那些无法佐证其满足感的个体对自己幸福的判断。

接下来，我会讨论为什么我认为即使是这种较为宽松的第二类规范性幸福观也是有问题的。我将集中批驳克劳特、凯克斯和安纳斯的观点，因为他们给出了相当明确的解释。但是，我的批驳也适用于在本节所论及的所有规范性幸福理论家。我的讨论旨在证明，即使是这些对幸福判定所施加的较为宽松的规范性限制也过于严格；我们最终的结论是：应该抛弃所有关于幸福的规范性观点。

让我们重新回顾一下之前讨论过的例子，简错误地认为自己过着美好的生活，而她的丈夫实际上有外遇。让我们假设，简对自己的生活完全满意，而且一直没有发现丈夫有外遇。重要的问题来了：对于简目前的幸福状态，我们该如何评判？

克劳特和其他规范性幸福理论家一样，会说简并不真正幸福，因为她未能满足她自己制定的幸福构成要素（即成功的婚姻）。他们会认为她的幸福是未经证实的，但我不同意这种分析。我相信简当下很幸福，尽管她一旦知道了丈夫背着她搞外遇的真相，她可能就幸福不起来了。让我来说明我的观点，请想象一下，简在一场车祸中丧生，这导致她永远不会知道真相。简的朋友们在她的追思会上会如何评价她的生活？克劳特似乎相信他们会说："可怜的简，她以为自己很幸福，但实际上并不幸福。"然而，即使她的朋友们知道她丈夫出轨的真相，这种反应也似乎不大合适。相反，我相信她的朋友们更有可能会说："可怜的简，她生前是多幸福啊，但她的丈夫真是个糟糕的家伙。她对此一无所知。"

　　思考一下其他的情感类词汇在日常语言使用中是如何起作用的。如果我看到一个黑影，吓得跳了起来，然后意识到其实什么都没有，毫无疑问，那一刻我感受到了恐惧。由于我意识到这种恐惧是无法证实的，所以我现在不再感到害怕，但恐惧就是我跳起来的原因。显然，在情感上我们受到我们自认为是真的事物的影响，即便现实中该事物是假的。如果我身边的亲人去世了，在得知死讯之前我不会感到悲伤。反过来，如果我被告知一位好友去世了，那么我会为这个消息感到悲痛，即便这是一个假消息，其实我的朋友还安然无恙地活着。同样的道理也适用于幸福：一个人的幸福不应该受到对此人来说一无所知的实情的影响。

　　因此，一个人经历的情感与她所知的事物直接相关。随着她所知的改变，她的幸福水平也会改变。但是，就像我们很难理解一个人会对全然不知的亲友死讯产生悲伤情绪一样，根据一个人全然不知的事实来否认此人的幸福也是令人难以理解的。如果我们确信简在去世前全然不知她丈夫有了外遇，那么我们就可以相信她的幸福完全不会受到这一事实的负面影响。这个例子让人想起一句古老的格言："无知是福。"

　　规范性理论家面临的另一个问题是，我们如何确定某人的幸福是可经证实的。就简的案例而言，规范性理论家会指出，她的婚姻事实上是一场骗局，并引述这一事实来否认她的幸福。但在许多其他情况下，这些"事实"很难明辨。谁能来判定一个人在达成目标方面取得了多大程度的进步，以及这种进步是否足以保障她的幸福？较明显可见的是，主体本身可被视为在资历和相关性上最高的评判者，但规范性理论家明确拒绝了这种选择。

　　从规范性理论家的视角来看，人们的幸福必须得到可经外部观察者证实的明确理由的支持，但在很多日常情况下这根本很难做到。

99

例如，这些理论家该如何处理主体正在朝着一个长期的未来目标努力，比如抚养孩子或攻读博士学位？主体可能会感到满足，因为她认为自己正在慢慢地朝着这个目标努力前进。但外部观察者可能会对她的进步程度表示怀疑，并认定她无法达成目标。在这种情况下，如果主体没有受到欺骗，真正的分歧就在于，她是否"真正"达到了自己的幸福标准，那么，谁会是正确一方呢？根据规范性理论家的说法，主体只有真正实现了自己的目标，她的幸福才是合理的，但在很多情况下，当下无法确定是否达成目标。那么，对于这些人的幸福，我们应该如何评判呢？难道我们就应该因为信息不足而否认它吗？难道我们就应该判定他们的幸福是无法确定的吗？如果幸福概念是如此难以捉摸，那么这个词几乎完全无法在实际生活中获得有效使用，我们将永远无法判断一个人是否幸福。

再考虑一个例子。有宗教信仰的人将虔诚视为人生目标，相信自己虔诚的生活会让他们感到非常幸福。对于这些信徒的幸福，规范性理论家会如何评价呢？如果不存在上帝，这些人的幸福就是无法证实的，他们只是受到了欺骗。那么，我们是否必须先验证上帝的存在，然后才能对他们的幸福做出判断？此外，即使我们愿意承认上帝存在，我们又如何可以知道一个人虔诚生活的程度是否足以确保她的幸福呢？在这种情况下，所谓的"目标"对于第三方来说太难以把握，没法用来判断幸福。不幸的是，没有一个规范性理论家对这些难题做出建设性的回应。更糟的是，从规范性理论家的角度来看，无神论者可以依据宗教信仰人士受了欺骗而否认她的幸福。但反过来，宗教人士也可以认为无神论者受了欺骗，并否认她的幸福。然而，在这两种情况下，对幸福的判断都不涉及主体自身的心理状态。显然，这不符合幸福这个词在日常语言使用中起作用的方式。

　　克劳特、凯克斯和安纳斯明确承认，主体所持的价值观对回答主体是否幸福这个问题至关重要。例如，克劳特反对我们对主体所持的幸福标准和目标进行评判，因为"我们没有合理的方法来了解每个人距离其理想生活有多远"[25]。我认为同样的反对意见也适用于评判一个人是否达到自己的幸福标准，因为很难判定一个人距离实现目标到底有多远。此外，我们无法确定第三方对主体所取得进步的判断与回答主体是否幸福这个问题是否相关。因此，如果按照克劳特所主张的，在判断主体幸福时需要采用她自己的标准，那么我们也应该在判断主体在何种程度上正在实现自己的目标时采纳她自己的看法。

　　现在让我们回到安纳斯给出的商学院学生案例中的"经验性数据"，我认为她曲解了这些数据。我们可以从学生的回应中了解到什么会给他们带来满足感，而不是从中得出有关幸福本质的深层内容。作为一个群体，他们一致认为，除非他们真正努力实现某个目标并赢得它，否则他们不会感到满意。然而，人们不能依据一种可能的幸福来源得出结论：这是幸福的唯一来源，或这是对幸福本质的描述。

　　当我们考虑到一个人可能取得了伟大的成就，但对自己的进步永远不满意时，安纳斯将幸福与个人成就等同起来就尤其值得怀疑。让我们想象一下，这个人对自己非常严厉，并且从不相信自己做得足够好。她不断地思考自己仍然需要努力实现的目标，而且从不退后一步来欣赏自己所有的实际成功。她的消极情绪激励她继续努力工作，但鉴于她的消极态度，她永远不会满足。简而言之，她很少快乐。这个例子说明，为什么幸福不一定是你赢得或应得的，而且

25　Kraut, "Two Conceptions of Happiness," 192.

幸福也并不能说明你的生活或成就的价值。你可以拥有成功的生活，完成许多伟大的事情，但除非你能够欣赏你所做的事情的价值，否则你永远不会快乐。

结　论

我们在本章讨论的规范理论家似乎犯了与古代伦理学家同样的错误——他们把幸福等同于美德。他们只是从普通人日常使用的词汇中提取出一个词，并赋予它一种与我们日常概念几乎没有联系的哲学内涵。[26] 我相信他们将额外的客观要素融入幸福概念，其中有一部分原因是受到亚里士多德的影响，亚里士多德认为幸福是至善。规范理论家似乎接受亚里士多德的论点，即幸福意味着一个人过上良好的生活。但是，如果你认为幸福就是过上良好的生活，那么采用生活满意度的幸福观会让你相信，你可以通过做任何让你快乐的事情来实现良好的生活。当你考虑到所有潜在的满足感来源时，这是一个令人不安的结论，其中许多我们永远不会与"良好生活"联系在一起。

规范理论家显然希望规避这个令人不悦的结论，所以他们否认满足感是幸福的充分条件，并且融合了各种规范约束，以此来限制一个人何时可以被认为是幸福的。这些规范约束旨在确保，只有那些参加了恰当的、有意义或有价值的活动的人才能获得幸福，也就

26　应该指出，一系列学科的思想家正在重新审视这些关于幸福的古老观念，最新的科学研究至少证实了古人有多少人能够获得幸福的信念。不幸的是，这个问题超出了本书的探讨范畴，但西塞拉·博克在她最近的新书中汇集了有关幸福的当下实证研究和历史观点，请参阅 Sissela Bok, *Exploring Happiness*, New Haven, CT: Yale University Press, 2010。另请参阅 Jonathan Haidt, *The Happiness Hypothesis*, New York: Basic Books, 2005。

是说，那些真正过上良好生活的人。然而，正是这些规范约束的相互交织，致使这些理论偏离了日常的用法，进而使其显得让人难以接受。所有的规范理论家都否认满足感是幸福的充分条件，但没有人为亚里士多德将幸福与良善混为一谈的论点提供依据。

　　我建议，我们应该拒绝这些理论家的第一步，并拒绝将幸福与良好生活混为一谈。如果我们将幸福的领域与良好生活的领域区分开来，我们就可以接受人们的幸福，而不必据此对他们生活的良善程度抱有任何特定的看法。因此，我们应该摒弃强加给幸福的所有规范约束，不把幸福的陈述视为评价或判断，而是作为主体对自己生活满意度的评述。我们将在下一章讨论生活满意度的幸福观及其内涵。

102

第六章

Chapter 6

幸福即生活满足

现在我们还需要辨析最后一种幸福理论，即基于生活满足的幸福观，我认为它为我们提供了有关幸福的本质和价值的最佳解释。本章旨在给出一个理论上有价值的幸福定义，这样的定义能帮助我们描述人们的动机和行为，而且也符合大众对幸福的常规理解。到目前为止，我们已经批判性地讨论了许多流行的幸福理论，提出了批驳性的反例，这些理论的主要问题在于，它们与我们对幸福的常识性直觉相悖。接下来，我们将继续依靠这些常识性直觉来评价基于生活满足的幸福观，即本质上将幸福等同于一个人对其生活的满足感。基于生活满足的幸福观并未对一个人如何实现幸福施加任何规范性限制，从而较好地回应了我们在前一章中批驳的相关幸福理论存在的问题。基于生活满足的幸福观认为，无论一个人感到满足的原因是什么，只要她是感到满足的，那她就是幸福的。

本章首先考察当代文献中不同版本的有关生活满足的幸福观。我会讨论这些观点的共同点，并指出一些有关对幸福的误解。之后的两小节中，我将探讨以下两个问题：一是有关幸福是否存在概念理解的差异；二是我们在判断何为幸福时是否会犯错。在最后一部分，我将对一种反对意见做出回应，即由于生活满足感是主观随意的，因此幸福不能简单等同于生活满足。我的回应是，这种反对意见误解了对感到满足这一状态所包含的内容。我的最终结论是，基于生活满足的幸福观为我们提供了最合理的幸福理论，并且最能代表我们今天通常使用这个词的方式。

104

基于生活满足的幸福观

这是一种在哲学家和心理学家中接受程度较高的幸福理论。简单来说，这种观点认为，一个人对自己的生活感到满足就是幸福，对自己生活状态的评价越积极正面，她就越幸福。然而，只要对相关文献稍加浏览，你就会发现，针对这种观点存在许多不同的解读。例如，西奥多·本迪特（Theodore Benditt）认为，如果一个人对自己的生活感到满足，那么她就是幸福的，这意味着她认为自己的期望都得到了实现。理查德·勃兰特则认为，如果一个人感到幸福，则必然喜爱自己整个生活模式和所处环境中自认为重要的那些部分。罗宾·巴罗（Robin Barrow）将幸福定义为对一个人与所处境遇之间的任何关系都抱有积极的态度，而伊丽莎白·特尔弗（Elizabeth Telfer）将幸福定义为一种对整个生活感到愉悦的状态。[1]

所有基于生活满足的幸福观都有一个共同特征，那就是幸福的人对自己的生活有良好的印象、态度或评价。而所有基于生活满足的幸福理论家都同意，喜欢自己的生活或积极正向地看待生活是幸福的必要条件。因此，在这些理论家看来，一个不幸福的人可以通过改变她所处的境遇或她对生活的态度（通过改变她的期望、标准或价值观）变得幸福。这凸显了期望对个人幸福至关重要。

这些理论家还认识到体验积极情绪的重要性，因为幸福与焦虑、失望和抑郁等消极情绪状态是不相容的。正如勃兰特所说："如果一个人感到幸福，他就不会受困于……忧郁、焦虑、不安、抑郁、灰心和羞耻等情绪，因为如果他喜欢现有的整个生活模式，也就是他认可当下包含其重要生活部分的生活模式，这些消极情绪就不会出现。"与勃兰特的观点类似，巴罗认为，"幸福的人……是那些不会遭受绝望、无奈、疏远、孤独、沮丧或失望等情绪困扰的人；他们对自己所感知的世界以及自身在其中的命运感到满足"。[2]

幸福是一个具有程度差异的概念，可以在轻微满足到极度喜悦的强度范围内浮动变化。一个人不一定要经历欢乐甚至狂喜的感觉才能感到幸福。对某些人来说，幸福可能只关乎适度满足或满意的体验。但所有幸福的人都会经历一些积极的感受，因为他们对自己的生活感到满意，一个人的幸福感与她对生活的积极看法成正比。

105

1　Theodore Benditt, "Happiness," *Philosophical Studies* 25 (1974): 8; Richard Brandt, "Happiness," in *The Encyclopedia of Philosophy*, edited by P. Edwards, New York: Macmillan, 1967, 413; Robin Barrow, *Happiness and Schooling*, New York: St. Martin's Press, 1982, 73; Elizabeth Telfer, *Happiness*, New York: St. Martin's Press, 1980, 8.

2　Brandt, "Happiness," 413; Robin Barrow, *Utilitarianism*, Brookfield, VT: Edward Elgar, 1991, 41.

　　主体对某事物感到满意，意味着与之相关的希望、预期和要求得以达成。根据本迪特的说法，"如果一个人说他对自己的成就感到满意，那么他就在暗示，根据他给自己设定的目标，他所取得的成就并没有（显著）低于他的希望和预期"。然而，一个人可以对某事物总体感到满意，但不一定对该事物的各个方面都感到满意。正如本迪特指出的那样，"一个人只需要对某事物中的大部分或其中的重要方面感到满意；这样，总的来说，一个人对该事物的满意程度就足以超过对它的不满意程度"[3]。将此推理应用于幸福，我们可以看到一个人可能对自己的整体生活感到幸福，但不一定在生活的各个方面都感受到幸福。例如，虽然目前我在工作上遇到一些问题，或是与某一个家庭成员有矛盾，但只要整体上积极的方面超过消极的方面，我可能还是会认为自己的生活是幸福的。

　　基于生活满足的幸福理论，对满足的描述各有不同，有些理论用主体对自己生活的判断或评价来描述满足，而另一些理论则用更具情感偏好的术语来描述满足。[4] 例如，G. H. 冯·赖特（G. H. Von Wright）认为幸福是主体对其所处的生活境遇的喜爱。"幸福并非存在于境遇或情形之中……而是随着主体与其境遇的关系的演进而产生……判断自己幸福，既是对自己所处生活情形做出的判断，也是对这种生活情形的珍视。"勃兰特认为，在一些情况下，我们可以说一个人比另一个更幸福，即"如果一个人对他整体的生活模式或认为重要的生活境遇中更大比例的部分感到喜爱，或者他比另一个人在程度上更喜爱以上提到的生活方面，那么他应该比另一个人更幸福"。同样，L.W. 萨姆纳认为幸福在于主体对自己的生活状况进行

106

　　3　Benditt, "Happiness," 8, 9.

　　4　有关生活满意度对幸福的看法之间的差异的更多信息，请参阅 Fred Feldman, *What Is This Thing Called Happiness?* New York: Oxford University Press, 2010, chap. 5。

积极评价，而这种评价是一种对生活达到自己设定的标准或期望的判断。[5]

相比以上从生活评价入手的理论家，特尔弗对生活满足提出了一种更能体现情感偏好的见解。她将幸福视为一种"心智态度"，也就是一个人对自身的整体生活感到愉快，这里的愉快仅意味着一个人想要保持其生活现有的样子。根据特尔弗的说法，幸福的人"不希望生活中任何重大的部分发生改变；他对他拥有的生活……感到愉快；而且在他看来，生活也没有其他重要的事物是他还没得到却渴望得到的"。与特尔弗的解释类似，巴罗将幸福描述为一种与自己所处的世界融为一体的感觉，这意味着当下所处之世界正是其所乐意所处的世界。巴罗认为，幸福仅涉及对一个人的感受进行最简单意义上的类别判断（例如，幸福相对于痛苦），但他否认这种简单意义上的判断包含对个人境遇进行评价的整体性判断。根据巴罗的观点，在对我们是否幸福做出判断时，我们不需要通过检视生活的整体情形并评判它们是否达到某些标准，从而得出结论；幸福可以通过简单反省自己的心智状态进行判断。[6]

我倾向于对生活满足进行更能体现情感偏好的理解，因为我认为在判断幸福这个问题上，没有理由去追究一个人幸福的来源，也没有理由将幸福局限在一种整体的判断或评价。那些支持基于生活满足的幸福观的理论家都认同一个重要的观点，即幸福是一种满足的状态，而一个人如何达成这种状态并不重要。尽管许多人（甚至可能是大多数人）的幸福可能源于他们对自己生活的整体判断，但

5　Georg Henrik Von Wright, *The Varieties of Goodness*, Bristol, England: Thoemmes Press, 1996, 98; Brandt, "Happiness," 414; L. W. Sumner, *Welfare, Happiness, and Ethics*, New York: Oxford University Press, 1999, 145.

6　Telfer, *Happiness*, 5–9; Barrow, *Happiness and Schooling*, 74–77.

正面情绪的感知也可以通过服用合适的药物、接入虚拟现实机器或进行自我欺骗的方式实现。在这方面，幸福可以和抑郁进行类比。不同的人可能出于不同的原因、在不同的程度上感到抑郁，但所有这些情绪状态都统称为抑郁。同样，不同的人可能出于不同的原因、在不同的程度上感到幸福，但所有这些幸福的人都对生活抱有积极正面的态度。

当我们说有两个人很幸福时，意味着她们有着相同的心态，但她们感到幸福的程度可能有所不同，就像同一个人在不同场合所感受到的幸福可能有所不同一样。有些人倾向于控制所有的情绪反应，保持情绪的稳定，使其感受到的幸福强度不会太高或太低。另一些人则在幸福和不幸之间摇摆不定，随着每一个新的生活事件出现而经历欢乐和悲伤。当一个人和某一个刚结识的人坠入爱河时，她可能会体验到一种她以前从未体验过的幸福。正如巴罗所解释的那样，"你和我所经历的幸福可能在质地或体验上有所不同，但尽管如此，幸福的意指完全相同，就像一位女性的美丽可能与另一位女性的美丽不同，但她们都是美丽这一概念的具体体现"[7]。

在我看来，幸福应该被描述为主体的一种精神状态，而不是世界上发生的事物的状态，并且幸福并不依赖特定的物质条件。我们可以毫无违和感地描述某人为"贫穷但快乐"，"邪恶但快乐"，甚至"单身但快乐"。如果主体对自己的生活有正面的印象，并自我反馈是幸福的，那么外部观察者就无法质疑她的说法。萨姆纳解释道，"幸福（或不幸福）是一个主体**对其所见所处**之生活状况的反应。幸福事关主体认为自己**感知到**的生活状况是否令人满意"[8]。相反，某些

7　Telfer, *Happiness*, 5–9; Barrow, *Happiness and Schooling*, 69.

8　Sumner, *Welfare, Happiness, and Ethics*, 156.

心理状态与幸福是不相容的，比如一个人不能感到"沮丧但快乐"、"抑郁但快乐"或"孤独但快乐"。[9] 所有这些心理状态都表明，主体对其生活有某些负面情绪体验，而如果她是幸福的，她就不会存有这些负面感受。

因此，"我很幸福"这个陈述只有在两种情况下才会是错误的：（1）主体说谎；（2）主体不具备对幸福概念的理解。在上述两种情况下，第三方有理由质疑主体有关幸福的自我报告的真实性。在其他所有情形中，主体对其幸福的诚实报告就足以判定其是否幸福。在这方面，基于自我宣称的幸福报告与痛苦报告相似；如果主体诚实地声称感到痛苦，并且也知道这个词的含义，那么第三方就无法判定其感受是假的。让我们来思考一个类似饥饿的情况：假设你向第三方报告你饿了，他们回复说你的感觉是错误的，因为你已经吃了足够多的食物。此种回复并不恰当，因为第三方通常无法就个人的精神或身体状态的感受做出真假判断。同样的道理也适用于幸福：就主体的生活是否带来满足这个问题，第三方的意见完全无关紧要。

除了接受上面提到的判定主体幸福真实性的两种情况，巴罗还增加了可以用来否定第一人称幸福自我报告的真实性的第三种情形，即主体在比较中出现错误的情况。巴罗认为，出现这种情况或许是因为"即便这种判断不符合我对所处幸福状态的一般性判断标准，但我仍然有可能会声称自己很幸福；又或者我可能现在声称自己很幸福，但随后意识到我当时所体验到的状态在程度上远远低于我之所能，因此它不应该算作幸福"。[10]

巴罗的第三种情况并不完全令人信服。在巴罗看来，如果某人新的幸福体验和其旧有的体验产生如此巨大的反差，以至于开始怀

---

9 Jean Austin, "Pleasure and Happiness," *Philosophy* 43 (1968): 60–62.

10 Barrow, *Happiness and Schooling*, 84.

疑其过去有关幸福的自我报告的真实性，那么此人就是落入了错误比较的陷阱。但有必要认识到，幸福是一个程度性概念，这意味着它指的是一系列感受强度差异很大的状态。如果主体过去所有的幸福体验都处于这个范围的较弱一端，那么她可能不会意识到幸福还可以是一种更为强烈的感受状态。主体获得的新经历会使她对过去所体验的幸福产生全新认识——过去的幸福体验并非那么幸福——但这不应让她怀疑自己曾经的满足感。相反，应该看到她现在可以体会并欣赏幸福概念所涵盖的各种程度的感受状态了。

让我们来看一个有关抑郁的例子。莎莉一生中经历过多次抑郁，但有一天发生了一件可怕的事，致使她陷入了深度抑郁，这种抑郁状态比她经历过的任何一次都要严重。这种新的经历可能会打破莎莉有关抑郁严重程度的认知。从巴罗的视角来看，莎莉目前的经历可能会让她怀疑自己以前经历的是否真的是抑郁。但巴罗视角的分析对莎莉的情况做出了错误描述，因为莎莉确实经历并感受过悲伤和痛苦。相反，我们应该说，莎莉对抑郁的理解因当前的经历而拓宽了，现在她能更好地理解到这个术语概念所指向的感受状态范围了。莎莉没有必要撤回她过去抑郁状态的自我报告，因为这些报告没有任何问题。她以前的确感到抑郁，只是程度比现在轻得多。同样的道理也适用于幸福。获得新的、更强烈的体验不会推翻你过去幸福感的自我报告；它只会加深你对这种情绪状态所能达到的强烈程度的理解。因此，巴罗提出的第三种否定个体幸福自我报告真实性的假设情况是不必要的。

109　　　约翰·罗尔斯（John Rawls）也对什么是基于生活满足的幸福做出了解释。他认为幸福源于成功实施一个人的理性生活计划。根据罗尔斯的说法，"当一个人的生活计划进展顺利，其重要的追求都得到实现，并且他确信自己的美好生活将会延续，他就会感到幸福"。

鉴于人们的天生才能和生活环境的多样性，罗尔斯承认人们选择采用何种生活计划存在潜在的的多样性。罗尔斯认为，"幸福既包括行动中获得的某种成就，也包含对结果的理性保障"[11]。

我同意罗尔斯的观点，即对某些人来说，幸福是朝着一个又一个目标不断迈进所产生的影响，但我怀疑这是否适用于每个人。我相信，一个人在没有明确定义的目标的情况下，也有可能感到幸福，就像一个在生活中随波逐流的人也可以感受幸福一样。只要漂泊者对自己的生活感到满意，仅仅缺乏明确的生活计划，并不会必然阻断她感受到幸福的可能。罗尔斯意识到了漂泊者之幸福的可能性，他试图通过论证来解释这种反例："完全没有计划、任其发展的极端决定在理论上仍然是一个计划，可能是理性的，也可能不是。"[12]然而，我们仍然不大清楚罗尔斯的解释如何帮助评估漂流者的幸福，因为他要求通过观察主体目标达成的比例来决定一个人的幸福程度。罗尔斯认为，漂泊者缺少这样的主体目标，因此也就缺乏幸福达成的必要条件。

罗尔斯错误地着眼于对目标的成功追求，忽视了主体的满足状态，而此种满足状态可能与目标达成完全无关。虽然对许多人来说，满足感的获得是与达成自己的目标密切相关，但正如罗杰·蒙塔古（Roger Montague）指出的那样，"那些缺乏反思的人，分不清主次，甚至对目标秩序的混乱毫无察觉，而另一些人却对这种混乱感到欢呼雀跃"[13]。在此，我们没有理由认为，这些人会像那些漂泊者一样，无法感到幸福。

11　John Rawls, *A Theory of Justice*, Cambridge, MA: Harvard University Press, 1971, 480, 481.

12　Ibid., 363.

13　Roger Montague, "Happiness," *Proceedings of the Aristotelian Society* 67 (1967): 89.

罗尔斯在刻画幸福时对理性这一概念的使用同样值得商榷。让我们来设想这么一个人，她如实地陈述，自己日复一日地凝视一面空墙让她感到幸福（我也认为追求此种活动是不理性的）。但我们没有理由去否定她的幸福，如果她的确诚实地报告了自己的状态，并且知道幸福这个词的含义。鉴于她所追求之活动缺乏理性，罗尔斯一定会否定她的幸福，但这种评价似乎并不正确。作为局外人，我们可能无法理解在此种情况下怎么会有人感到幸福，但我们对凝视空墙者选择过如此一种生活的看法与她是否幸福的问题并无关系。如果她对自己的此种生活感到满足，那么从概念层面而言，似乎没有任何事情可以阻止她感受幸福。

110

罗尔斯论述中存在的另一个问题是，对一个人幸福的原因施加理性限制，可能会导致滑坡谬误。例如，如果你否认"凝视空墙者"的幸福，那么你也可以以相似的理由否认会计师（整天凝视纳税申报表）的幸福。你可以辩解说，会计师这一职业如此乏味，以至于没人会认为可以从这样一份工作中找到满足感。然而，存在这样的可能性，和凝视空墙者相似，有人可能因为某种罕见的大脑异常，确实喜爱自己的工作。这表明，任何第三方对于个体如何选择生活的看法，与个体是否幸福并无关联。

是否存在单一的幸福概念？

在幸福研究中经常讨论的一个问题是，是否存在多种不同的幸福概念，还是说仅有一种幸福概念，只是用法不同而已。一些幸福理论家同意前一种说法，其中包括 D. A. 劳埃德·托马斯（D. A. Lloyd Thomas）。他认为幸福代表一组相互关联的概念，但各有区

别。同样，瓦迪斯瓦夫·塔塔基维奇（Wladyslaw Tatarkiewicz）和
琳恩·麦克福尔（Lynne McFall）也认为，幸福可以有截然不同的含
义或意义。另一派的理论家们，如萨姆纳、特尔弗和诺齐克，则谈
到同一幸福概念下的不同类型、种类或维度。[14]

　　不管是幸福的不同"用法"还是幸福的不同"感觉"，以下四个
类别代表了相关研究中最常讨论的的幸福表述：（1）对某事感到幸
福与满足；（2）感到幸福；（3）具有快乐的性情或个性；（4）处于
幸福的状态或拥有幸福的生活。[15]显然，这种分类并没有详尽地列
出幸福的所有可能用法，因为在日常生活中，幸福可以出现在无数
的搭配和短语中，比如幸福的情侣、幸福的结局、幸福的意外和幸
福的时光。我不会讨论幸福的每一种可能的用法，因为这并无太大
的哲学意义，但我会将讨论聚焦于上述四个主要类别上，看看它们 111
实际上是否代表了具有不同含义或意义的不同概念。我认为，存在
一个具有一致含义的幸福概念，只是在不同的处境下有了不同的用
法。幸福指向主体的一种满足状态，无论这种状态是由某些特定事
件（对某件事感到幸福满足）引起，还是来自对某个人的生活的思
索（处于幸福存在状态或拥有幸福的生活），或者是用来描述某人的
总体情绪（快乐而易于感到幸福的性格或个性）。虽然情况有差异，
但这四种情况都指向同一种满足的状态。

　　让我们从（1）入手，即对某事感到幸福与满足。第一类表述

　　14　D. A. Lloyd Thomas, "Happiness," *Philosophical Quarterly* 17 (1968): 97–113;
Wladyslaw Tatarkiewicz, *Analysis of Happiness*, Melbourne International Philosophy Series,
vol. 3, Warsaw: Polish Scientific Publishers, 1976, chap. 1; Lynne McFall, *Happiness*,
New York: Peter Lang, 1982, chap. 2; Sumner, *Welfare, Happiness, and Ethics*, 143;
Telfer, *Happiness*, chap. 1; Robert Nozick, *The Examined Life*, New York: Simon and Schuster,
1989, chap. 10.

　　15　Sumner, *Welfare, Happiness, and Ethics*, 143.

可以看作上述第四种用法的一个例子，即处于幸福的状态。唯一相关的区别是（4）的范围涉及更广，适用于整个人的生活，但它们仍然指的是相同的满足状态。例如，"对你的工作感到满意"，意味着你以积极的态度看待工作，并且该工作达到（或超出）了你的期望。"处于幸福存在状态"的意思完全相同，只是所指范围是更广泛的整个生活的幸福状态。因此，我们无需对（1）和（4）两种类别进行区分，因为这里只是一个概念的两种不同表述。

同样的逻辑也适用于（3），即具有快乐的性情或个性。特尔弗将快乐的情绪气质描述为"一种开朗的性格，倾向认为事情令人愉快"，"比一般人更容易使自身愿望和环境条件相适配"。[16] 拥有快乐的性情或个性，意味着相较于普通人，一个人更有可能感到满足，更不容易感到不满意。此种性情的人更有可能体验到满足感，原因之一是她的标准灵活而不苛刻，而且更容易达到这个标准。一个人对生活的要求越少，期望越低，就越容易获得满足。反过来看，你的期望越多，获得幸福就越困难。因此，性格快乐的人可能只是倾向于拥有较低的期望或标准，从而使她更容易对自己的生活感到满足。

具有快乐性情的人也可能倾向于拥有强大的应对机制，这使他们能够很好地面对逆境。这些人还可能始终保持一种满足或快乐状态，因为他们拒绝让任何烦心事将自己击垮。斯多葛学派的人生态度也许最能阐明这一倾向，他们认为幸福就是过有美德的生活，这相当于全然接纳发生的任何外界事件，并对它们采取淡然处之的态度。如果你拒绝让任何外界事件影响你的情绪状态，那么无论你在生活中遭遇何事，你都能够始终保持一种满足状态，这相当于说你

16　Telfer, *Happiness*, 1, 11.

具有一种快乐的性情或个性。因此，拥有快乐的性情或个性只是类别（4）的另一个例子，即处于幸福存在状态或拥有幸福的生活。

最后，让我们考虑一下（4）（处于幸福存在状态）和（2）（感到幸福）之间的区别。感到幸福可以被描述为"（暂时）倾向于看到光明的一面或发现事情令人愉快"，这通常被解释为处于一种快乐的心境。[17] 特尔弗认为，感到幸福和处于幸福存在状态二者之间的区别不仅表现在程度上，而且还表现在种类上。我认为，将处于幸福存在状态和感到幸福加以区分是错误的，因为幸福在这种语义层面发挥作用的情况，与其他情感类词汇颇为相似。例如，说你感到害怕，但又否认你真的处于害怕状态，这是不是有点匪夷所思呢？同样，你能说你只是感到生气，但实际上并不生气吗？这两种说法都没法自圆其说，因为"感受到"任何这些情绪，都意味着一个人正在经历它们。如果一个人"感到痛苦"，那么这个人就在痛苦中，如果一个人"感到悲伤"，那么这个人就处于悲伤中；并不存在一种原则性的方法可以将"感觉"与"存在"相分离。幸福也是如此，如果一个人"感到幸福"，那么这个人就是处于幸福存在状态中。

此外，从现象学的角度来看，我们如何区分感到幸福和幸福存在状态呢？当你说"我感到幸福"，而不是感觉到其他情绪时，说明此刻你感受到的状态与你通常感到幸福的状态是一样的。如果你的感受本身存在明显区别，你就不会将所处状态称为"幸福"，而是会称之为其他东西。即使像萨姆纳这样认为幸福存在状态和感到幸福之间有显著差异的人，也认同这一点。他说，幸福感受通常是短暂的；然而，"这种感受（至少在原则上）有持续一段时间的可能性，

17　Telfer, *Happiness*, 1, 11. 另见 Sumner, *Welfare, Happiness, and Ethics*, 144。

在此情况下，幸福感受就很难与对生活状况的确定满足感区分开来"[18]。但此时，感到幸福就只是处于幸福存在状态，我们又何必在两者之间进行区分呢？

113　　由于感到幸福和幸福存在状态二者从主体内部来看是无法区分的，因此区分它们的唯一途径似乎只能从外部介入了。这样一来，就意味着我们需要借助一个规范标准，以此判断某人是"真正"幸福还是仅仅"感觉幸福"。但我们已经证明，强行设定这样的标准是不合理的，因为幸福指的是主体的满足状态，至于她如何实现这种满足，其实无关紧要。然而，如果没有这样的外部标准，就没有原则性的方法来区分感到幸福和幸福存在状态。因此，如果某一主体感到幸福，她就是处于幸福存在状态，因为在这两种情况下，她的精神状态并无二致。

　　回顾一下，我已经表明，（1）对某事感到幸福满足，以及（3）拥有快乐的性情或个性，实际上只是（4）处于幸福存在状态或拥有幸福的生活的具体表现。我还阐明，（2）感到幸福和（4）处于幸福存在状态或拥有幸福的生活之间没有显著区别。由于幸福的所有这些不同用法都采用完全相同的概念，因此没有必要对它们进行逐一区分。一旦你对幸福有了正确的理解，即对生活感到满足的状态，如何将这个词应用到这些不同情境的问题，就不显得那么棘手了。

幸福自判可能出错吗？

接下来的问题是，主体对自己幸福的判断是否会出错。我们已

18　Sumner, *Welfare, Happiness, and Ethics*, 147.

经在第五章讨论的规范性幸福理论部分谈到了这个问题，规范性理论试图通过加入外部标准来帮助主体进行幸福判断。如前文所说，因为主体对她自己的幸福拥有第一人称权威，我们发现使用这样的外部标准是缺乏根据的，但在本节中，我想重点讨论一个人是否可能对自己的幸福产生错误判断的问题。

约翰·凯克斯和理查德·克劳特都认为，幸福包含一种满足的状态，这与获取或做自己想要的重要事情有关。当一个人确定她的重要需求得到充分满足时，她会对自己的生活感到满足。至于说某个特定的需求是否重要，这取决于一个人的人生计划；在凯克斯看来，人生计划就是一个人根据等级排序，确定反映其长期目标和愿望的各种优先事项。当一个人实现自己的人生计划时，她就是幸福的，这意味着她正在过着符合自己制定的幸福标准的生活。根据凯克斯和克劳特的说法，由于主体对于她是否真正过着符合自己制定的幸福标准的生活可能存在错误认识，幸福自判中错误的可能性也由此显现。简而言之，两位理论家都认为，即便根据自己设定的标准，主体的幸福判断也可能会出错。

我对凯克斯和克劳特关于主体自我确定幸福的标准表示赞同，但我不认同他们关于幸福自判可能出错的观点。我认为，我们不应该允许外部观察者否认一个如实宣称自己幸福并且其行为也符合这一说法的人的幸福。就人们可能会误判自己的幸福这一观点，我将提出几个反驳意见。

凯克斯和克劳特的通常论点是，在受到欺骗的情况下，人们对幸福的真实自我报告就可能是错误的。在这些情况下，一个人幸福的全部理由都是基于谎言，即便这个人对真相一无所知，两位理论家都认为，我们仍有充足的理由否定此人的幸福自判。然而，对于在受到欺骗情况下的幸福自判问题，我认为更合理的解释应该是，

114

受骗者在得知真相后的确会感到不幸福，但这并不能改变她在得知真相前处于幸福状态的事实。正如巴罗所说："即便是建立在不安全的地基上，房子仍然是房子，尽管它可能不会矗立很长时间。"[19]

　　凯克斯和克劳特的观点所面临的一个问题是，如何概念化主体的人生计划，以便将其用作某种试金石来衡量一个人是否真正获得幸福，还是误认为自己很幸福。主体对自己的生活感到满足的判断可能是错误的，因为我们可以向她表明，"按照她自己的标准"，她的判断其实是错误的。根据凯克斯和克劳特的观点，我们可以通过参照主体自己的人生计划，向她表明其幸福自判的错误之处。但是，大多数人并不拥有凯克斯所设想的高度结构化的生活计划，而且许多人会为自己设定诸多个人目标、进行排序，并制定相应的"计划"，但这些目标和计划缺乏明确界定的内容，难以进行标准化的衡量。尽管人们会审视自己的生活，但许多人并未有意识地去关注每一个相关指标因素的进展与退步，甚至也不会意识到哪些特定指标因素影响并塑造了她们对生活的整体看法。大多数人确实对自己生活中的事情有一个大致的了解。然而，她们的印象，尤其是在事情顺利的时候，可能只停留在一种积极或消极的感觉上。

　　此外，进行如此详细的分析不仅耗时，而且是一种浪费，毕竟我们的生活处于不断变化之中。"最重要的"愿望可能会发生变化，具体取决于一个人的经历和所处的境遇。对一个人的愿望进行固定排序并制定人生计划的理念曲解了大多数人设定愿望和人生计划的实际状态；现实情况下，这些愿望和计划总是在不断变化。但在缺乏静态人生计划的情况下，第三方观察者又该依据什么标准来判定幸福，从而让主体相信她的自判出错？因此，即便我们愿意承认第

19　Barrow, *Happiness and Schooling*, 84.

三方可以对主体的幸福提出批评或提供建议，但主体在幸福自判上
并不需要采纳批评或接受建议。

　　此外，即使在人们有相当合理和完善的人生计划的情况下，实
现它们（或未能实现它们）仍然可能与幸福无关。让我们思考这样
一个情境。苏西是一名研究生，目前正在写博士论文。她对目前的
进展非常满意，希望尽快完成论文。有一天，苏西与她的导师开会，
导师问她过得怎么样。她说她很高兴，接着详细列出了她对自己的
进步感到满意的原因。她还详细介绍了她已经取得的成就以及计划
如何实现其他目标，包括在一所著名大学获得终身教职。让我们假
设，这位导师对苏西的进步或她实现目标的前景并没有同样积极且
肯定的印象。导师告诉她，他并不认同苏西所选择的论文主题。教
授还告诉她，她忽视了对实现其目标至关重要的某些因素，例如拥
有教学经验、在学术会议上提交论文以及发表研究成果等。

　　我们可以设想，在与导师交谈之前，苏西对自己的生活很满意，
因为她积极地看待自己的进步，并对未来抱有很高的期望。但由于
这次谈话，苏西对自己生活的看法发生了改变。她现在对自己的进
步、她的论文题目，甚至她的导师的看法都变了，她对其中任何一
个都不再满意。因此，苏西的幸福可能会慢慢消退，或者可能会完
全消失，因为她开始清醒，并意识到她一直在欺骗自己。她现在相
信她对自己的生活和未来的前景有了更现实的认识。尽管她现在并
不高兴，但为获得这种启发性认识深怀感激，因为现在她可以开始
做出改变，帮助自己真正实现人生目标。

　　关键问题来了。是否可以说苏西一直以来都是不幸福的？由于
之前在是否达成人生目标的认识上存在误解，我们是否可以说苏西
在与导师交谈之前她也一直是不幸福的？显然，她以为自己很幸福，
但她错判了吗？她的幸福是基于误解的"事实"，是否表明我们应该

116

否定苏西曾经幸福过？我不认为是这样，因为如果你之前和苏西交谈过，她会给你一长串有效的理由来解释为什么她相信自己很幸福。尽管她不再认为这些原因至关重要，但这些原因在当时是与她的幸福相关的，它们为她的幸福提供了理由。我无法理解，为什么我们应该仅仅因为苏西改变了她对生活的看法，就否定她以前的幸福状态。显然，她过去的所有信念和行事都表明她很幸福。虽然这源于错误的印象，但苏西当时显然是心满意足的，并且不想对自己的生活做出重大的改变。她没有任何不幸福的人会有的行事表现。相比之下，苏西目前的行为确实表明，她暂时处于一种不幸福的状态，因此她正在做出改变，以减轻她现在感受到的生活方面的不满。

让我们来思考另一个例子，以便进一步说明幸福误判的问题。汤姆走进一家冰激凌店，点了一个香草味的冰激凌。有人对他说："你知道，除了香草味之外，还有很多其他口味。"汤姆可能会受到这个评论的启发，从而尝试一些新的口味，在体验了洛克之路和加莫卡杏仁软糖这两种口味的冰激凌的美妙味道后，他开始以不同的方式看待之前的香草味冰激凌。他可能会发现自己不再喜欢香草味冰激凌的纯粹简单了，每当他再次吃香草味冰激凌时，他都会渴望更复杂和精致的其他口味。汤姆的品味发生了变化，显然，他不再满足于他以前最喜欢的香草味冰激凌。

我们是否应该说，汤姆对吃香草味冰激凌从来都不曾感到满足，因为它不符合他的美食标准？我们是否还应该说，在体验到其他口味之前，汤姆只是自己认为他在享受香草味冰激凌，但实际上是误判？显然，上述说法是不合适的。我们通常根据一个人的行为对其心理状态做出假设，而一个人的行为方式通常可以很好地表明她的想法和感受。当未受启发的汤姆点了一个香草味冰激凌时，他这样做是因为他喜欢香草的味道，吃香草口味会让他感到满足。虽然他后来改变了自己的美食标准，但香草口味曾经让他感到满足，这是毋庸置疑的，否则，他为什么一直购买香草味冰激凌呢？与苏西的情况一样，我认为没有任何合理的理由可以否定汤姆曾经的幸福。

为了充分分析人们可能对自己的幸福误判这一观点背后的深意，我们再来看一个例子，但这一次涉及的是一个不幸福的案例。让我们想象一下，一名学生走进院长办公室，表达她对大学的不满。院长针对她的抱怨回应道："这所学校有你想要的一切，而且它显然符合你的所有标准。所以，你在这里不可能不幸福——这是不可能的！你一定很幸福，只是你自己没有意识到而已！"显然，院长否认学生的不幸是非常不恰当的，也无助于缓解学生的不满。学生知道自己的感受，而院长坚持认为她的这种感受是假的，这种坚持实际上对学生构成了一种冒犯。我认为，与之类似，在幸福误判问题上，说人们可能对自己幸福感受的判断有误，同样是不妥当的。

基于生活满足的幸福观武断吗？

丹尼尔·海布伦（Daniel Haybron）认为，幸福不能简化为对生活的满足，因为我们对生活缺乏稳定、明确的态度。海布伦认为，基于生活满足的幸福观有三个前提条件：首先，主体对自己的生活有一定的态度；其次，这些态度根植于主体认为的生活中的重要事实的基础上；最后，这些态度相当稳定，主要随主体生活的变化而改变。[20]根据海布伦的观点，生活满足感的问题在于，各种实证研究

20　Daniel Haybron, *The Pursuit of Unhappiness*, New York: Oxford University Press, 2008, 86.

的结果表明上述三个前提条件是证伪的，因此，我们有充分理由怀疑基于生活满足的幸福观的合理性。

首要的问题是，基于生活满足的幸福观是否真的要有这三个前提条件，我认为情况并非如此。尽管这种幸福观确实要求一个人对自己的生活抱有积极的态度，但它并没有要求具体说明这种满足状态的因果来源，因此，也不要求积极的态度是稳定的或"根植于主体认为的生活中的重要事实"。即便一个人对自己生活的实际状况完全困惑不解，或者故意服用药物，使她对自己生活的实际状况产生虚幻性认知，一个人仍可以对自己的生活感到满意。只要主体是在积极地看待她的生活，她就会感到幸福，无论她采用何种方式达到这种状态。

海布伦对这种幸福观的反对意见主要基于心理学家所做的几项研究，这些研究表明，受试者对幸福的自我报告很大程度上受到环境的影响。例如，实验证明，诸如在询问前得到一块糖果、在一个不愉快的测试室以及测试环境中残疾人在场等环境因素，都会对受试者如何判断他们的整体生活质量有一定的影响。受试者的情绪和天气（比如在晴天和雨天进行测试）也被证明对自我报告产生了一些影响。根据海布伦的说法，一些心理学家在解读相关研究数据的时候指出，我们的生活满足感报告"不是主体对先前建立的态度的报告，而是反映了主体被提问时所做出的判断。这些判断'最多可以被理解为是针对特定时间提出的特定问题做出的回应性认知建构'。通常……我们会考虑当前的感受，并据此做出判断"[21]。

但这些经验数据并非结论性的，因为心理学家对于环境对受试

21　Daniel Haybron, *The Pursuit of Unhappiness,* New York: Oxford University Press, 2008, 87.

者自我报告影响的严重程度存在不同意见。随后的一些研究表明，"暂时性因素在生活满足感报告中发挥较小的作用"，而"有关重要生活领域（如家庭）的因素发挥更大的作用"。海布伦甚至也承认，"环境敏感性问题或许可以通过选取大规模的受试者的方法解决"，此外，"自我报告与其他相关量化数据（例如情感状态报告）有一定程度的强相关性，更为重要的是，生活满足感报告与人们往往认为很重要的特定领域的满意度报告有很强的相关性"。他补充说，生活满足感报告"似乎基本上以重要事实为依据，或者至少与这些事实具有相关性"。[22] 这表明，从另一个角度来看实验数据，这些数据实际上为基于生活满足的幸福观提供了支持。我们不应该假设人们完全缺乏这种对生活的态度，相反，可以说人们确实对自己的生活持有必然的整体态度，只是这些态度受到研究人员对实验环境操控的影响。

　　接下来我们会仔细审视海布伦引述的实证研究，看看它们是否 119 与基于生活满足的幸福观相矛盾。研究人员发现，一些环境因素会影响人们对生活满足感的判断，其中包括实验问题的提问顺序。例如，首先询问人们的婚姻情况，然后询问他们对生活的满足感，与将这两个问题的顺序颠倒后进行询问，会产生不同的答案。受试者还被要求回忆过去的积极或消极事件，研究发现，这些回忆也会对他们随后的满足感判断产生一些影响。[23]

　　对这些现象的一种解释是，先前问题中包含的信息影响了受试

22　Daniel Haybron, *The Pursuit of Unhappiness*, New York: Oxford University Press, 2008, 89–90.

23　参见 Norbert Schwarz and Fritz Strack, "Reports of Subjective Well-Being: Judgmental Processes and Their Methodological Implications," in *Well-Being: The Foundations of Hedonic Psychology*, edited by Daniel Kahneman, Ed Diener, and Norbert Schwarz, New York: Russell Sage Foundation, 2003, 61–84。此文对最近进行的各种实证研究进行了讨论。

者对生活的看法和满足感的判断。例如，询问过往的创伤和成就，会使这些信息浮现于受试者的记忆前端。如果研究人员没有事先向她询问这些回忆，她在做出满足感判断时可能根本不会想到过去的这一件事。研究人员得出结论：受试者对生活满足感的判断"主要取决于判断时可获得的信息，以及如何使用这些信息来构建待评估事件的心理表征和相关标准"[24]。但这些数据都并非在反驳这种幸福观，该幸福观预示人们将基于自己的感受对整体的生活做出判断。显而易见，人们自己的感受会受到各种因素的影响，其中包括当时哪些信息引起了主体的注意。但不管人们是如何达成对生活满足感的判断的，主体对其生活的感受仍然决定了主体的幸福程度。

此外，在海布伦未讨论的一项研究中，研究人员要求受访者报告他们的幸福感以及对生活的满足感。当这两个问题在不同的问卷中出现时，两份报告都呈现出高度相关性。也就是说，受访者的平均幸福评分与平均满足感评分没有差异，"这表明他们并没有区分这两个概念"[25]。这一发现表明，普通人会将幸福等同于满足感，而这也为基于生活满足的幸福观提供了进一步的支撑。

实证研究还探讨了情绪对人们满足感判断的影响。在几个不同的实验中，研究人员发现满足感报告受到一些因素的影响，例如在复印机上找到一毛钱，在一个愉快的房间里度过时光，或者观看一场自己支持的球队赢得一场冠军争夺战。[26] 研究发现，甚至天气对人们的生活判断也有一定影响：受访者表示，晴天比雨天心情更好、更能感到幸福。

---

24 Norbert Schwarz and Fritz Strack, "Reports of Subjective Well-Being: Judgmental Processes and Their Methodological Implications," 70.

25 Ibid., 64.

26 Ibid., 74.

但实际上，生活满足感幸福理论家很乐意承认情绪对满足感判断的影响。引述研究人员的话来说，"心情愉快的人更有可能从记忆中抓取积极的信息，而心情悲伤的人更有可能抓取消极的信息。因此，一个人在心情好的时候评价自己的生活，可能会选择性地抽取生活中积极的方面，从而对自己的生活产生较为积极的评价"[27]。这再一次说明，主体对自己生活的感受是决定主体是否幸福的关键因素。

有趣的是，当研究人员巧妙引导受试者注意到天气可能是他们当前感受的影响因素时，天气对受试者满足感报告的干扰性影响便会消除。"在这种情况下，雨天接受采访的受访者对幸福和满足感的报告，与晴天接受采访的受访者并无区别。"[28] 通过让受试者注意到天气可能带来的情绪影响，受试者就能够有意识地忽略这一无关因素，从而消除其可能的影响。

因此，一个人对生活的满足感取决于其在自认为重要的领域中的自我感知表现。实证研究表明，一个人的感受可能会受到环境的影响，但我对这种影响的重要性存疑，因为环境因素的影响可以完全消除，正如涉及天气的研究所证明的那样。在某些情况下，环境因素的影响更加类似于背景噪音，它无法对一个人的满足感或幸福感提供真正的洞见。

下面的例子可以帮助说明这一点。假设你正在一家不错的餐厅吃饭。你的体验将受到无数因素的影响，包括餐厅氛围、你的精神和身体状态（包括情绪和饥饿）、食物的品质和价格。在某一特定场合下，如果你被要求对膳食的满意度进行评价，你可能会尝试排除所有与食物本身质量不直接相关的因素，以便做出公正的评价。 但

27　Norbert Schwarz and Fritz Strack, "Reports of Subjective Well-Being: Judgmental Processes and Their Methodological Implications," 75.

28　Ibid.

想象一下，隔壁桌有一个哭闹的婴儿。尽管你可能会尽力关注食物的摆盘和味道，但你对膳食满意度的判断可能会受到婴儿尖叫的负面影响，甚至可能会很大程度上妨碍你享受膳食。

当研究人员对实验条件加以操纵，从而引发受试者对生活质量感知的变化时，也会产生同样的效果。就像餐厅的情况一样，实验对象实际上对受试者的生活满足感并没有明显影响，她只是被不相关的干扰因素分散了注意力。正如尖叫的婴儿与你对食物的满意度不存在关联，环境因素对一个人生活满足感判断的影响，与该人的幸福感之间也没有太大关系。因此，实证数据并不支持海布伦的反对意见，对生活满足感的判断也绝非主观随意之举。

在下一章中，我们将探讨幸福与道德之间是否存在关联的问题。

第七章

Chapter 7

幸福与道德

　　"一个不道德的人会幸福吗？"自两千多年前古希腊人开始思考伦理学以来，这个问题就一直困扰着历代的哲学家。从历史上看，哲学家把幸福视作人们从事道德行为所产生的结果，以此鼓励人们行善，他们否认那些不道德的人可以获得幸福。相比之下，在上一章中讨论的基于生活满足的幸福观认为，幸福就是对生活感到满足，且对如何获得满足没有任何限制，因此，不道德的人也有可能获得幸福。

　　在本章中，我们将探讨幸福与道德之间的关联。我首先考虑幸福的不道德者的案例，并对那些想要否认不道德者幸福的反对者做出回应。随后，我会回答这样一个问题：究竟是道德本身还是呈现道德的外表能提升一个人的幸福感。

幸福的不道德主义者

在《社会哲学杂志》(*Journal of Social Philosophy*)上刊登的一次研讨会的开篇论文中，史蒂文·卡恩 (Steven M. Cahn) 宣称，一个不道德的人也能获得幸福。作为例证，他虚构了一个名为弗雷德的幸福的不道德者的例子。卡恩在文中提到，弗雷德已经实现了他人生最重要的三个目标：名望、财富和正直的声誉。然而，他是"奸诈且不诚实的"[1]。他通过隐瞒自己的不道德行为来维持正直的声誉。因为他颇擅于此道，所以他对自己的生活很满意。简而言之，他是幸福的。

弗雷德并没有因为他的幸福是源自不道德的行为而感到困扰。尽管他的行为是不道德的，但他还是对自己的生活感到满意，因为道德对他来说并不重要。他唯一在乎的是表面上看起来是道德的，并且他已经达成了这个目标——正直的声誉。

我们现在可以思考一下几位当代哲学家提出的批驳论点，他们都想要挑战卡恩对弗雷德之幸福的解释。约翰·克莱尼格 (John Kleinig) 将幸福视为"认识到一个人生活的各个部分都以协调且稳定的方式良性运转"。由于弗雷德达成目标的方式存在问题，克莱尼格认为弗雷德的幸福是"认识论上不健全的"。此外，他将弗雷德维持其幸福的"成功之道"描述为"一条极其危险的道路"。克莱尼格认为，对于我们大多数人来说，"幸福恰恰是过上一种与弗雷德截然不同的生活"。克莱尼格进一步认为，"真正的幸福"与以"信任、诚实和尊重"为特征的"某种社会世界"密切相关。鉴于弗雷德的价值观，克莱尼格得出结论："在某种重要的层面上，他的幸福是

---

1 Steven M. Cahn, "The Happy Immoralist," *Journal of Social Philosophy* 35, (2004): 1.

虚幻的。"[2]

考虑到克莱尼格本人对幸福的阐释，他对弗雷德之幸福持反对态度，这令人诧异。克莱尼格将幸福定义为：主体认识到"自己的重要目标正在达成，并且对这些目标的实现方式感到满意"[3]。显然，弗雷德满足了这个条件，因为他正在达成他所有的重要目标，并且对其生活运行之道感到非常满意。那么，为什么克莱尼格将弗雷德的幸福描述为"认识论上不健全的"和"虚幻的"呢？

实际上，困扰克莱尼格的是"弗雷德心理社会世界的脆弱性"[4]。弗雷德的幸福的确是由欺骗和谎言造就的。根据克莱尼格的观点，"真正的幸福"与弗雷德生活中缺乏的美德密切相关。但这种幸福观在克莱尼格对幸福的阐释中引入了客观价值标准的因素。为此，他补充说，除了达成我们的目标之外，我们还必须树立正当的目标。

杰弗里·墨菲（Jeffrie Murphy）与约翰·克莱尼格（John Kleinig）一样，对弗雷德之幸福的脆弱性有类似的洞见。他反驳道，弗雷德将幸福依附于"脆弱的暂时性的价值观念"，主要是因为这种幸福"依赖于他人的反应"。墨菲认为，暂时性的欲求"只能给人带来暂时的满足，而且它容易受到命运和财富变化的影响"，从而只能形成一种短暂的幸福。墨菲还提出质疑，弗雷德之幸福会因担心其脆弱性而减弱，并且他对未来不幸境遇的思虑"甚至会对他当下完全幸福之达成构成严重阻碍"。墨菲总结道："当我想到卡恩描述的这个人时，我发现我很同情他……如果我认为他真的很幸福，我为什么要可怜他呢？"[5]

125

2　John Kleinig, "Happiness and Virtue," Journal of Social Philosophy 35 (2004): 2.

3　Ibid.

4　Ibid.

5　Jeffrie Murphy, "The Unhappy Immoralist," *Journal of Social Philosophy* 35 (2004): 12–13.

克里斯托弗·高恩斯（Christopher Gowans）也质疑弗雷德的幸福，他怀疑弗雷德"不仅过得孤独，而且还会感到焦虑"。尽管高恩斯愿意承认人们幸福的原因存在一定的多样性，但他认为"人性似乎对这种多样性的存在施加了一些限制"。高恩斯认为友谊对于幸福至关重要，因此他想知道："当弗雷德独自坐在宽屏电视前观看赞扬自己的报道时，是否会感到孤独？"此外，高恩斯怀疑弗雷德还会因过度暴露在公众视野中而感到焦虑，"因为他没有朋友，所以他没有可以倾诉的对象"。高恩斯认为，卡恩的例子"并没有为我们提供一个令人信服的幸福的不道德者的范例"，他的结论是："也许弗雷德在某些方面是幸福的，但我们最应该关注到那些令弗雷德感到不幸福的方面。"[6]

这些有关卡恩不道德者例子的批驳意见所面临的第一个问题是，它们未能准确反映我们对幸福的一般性理解。尽管古希腊人有将幸福与道德合而论之的传统，并且否认那些有道德欠缺的人可以获得幸福，但在今天的世界，这个词不再具有此种含义。当我说某人幸福时，我通常指的是这个人的心态。幸福并不对独立于个体真实感受而存在的个人生活价值观有所暗示。此外，幸福并不是个体行为活动的主要或唯一原因；而只是众多动机之一。有些人的行为是出于责任感或追求卓越，但这些动机关切可能与幸福无关，也无法确保幸福的实现。

弗雷德积极地看待他的生活，因为他正在实现那些他认为重要的目标，然而所有三位批驳者都对这些目标的价值表示怀疑，并一致认为弗雷德生活中有损道德的行为使他无法获得幸福。但关注弗

126

---

6 Christopher Gowans, "Should Fred Elicit Our Derision or Our Compassion?," *Journal of Social Philosophy* 35 (2004): 15.

雷德生活中欠缺的东西与他是否幸福的问题无关，因为如果弗雷德全然不为他的生活所欠缺的东西所困扰，他就仍然可以保有一种满足感。我不认同你生活的方式，并不足以假定你也对自己的生活感到不满意，以己之心度人之腹的做法是有问题的。

克莱尼格提出的幸福与"某种社会世界"之间的联系可能适用于某些人，但不适用于弗雷德。对于重视道德的人来说，幸福的考量显然会与道德交织在一起，因为他们的满足感来源于不背弃他们的道德义务。克莱尼格的错误在于，假设所有人都认同这样的价值观。高恩斯也犯了类似的错误，他主观认为弗雷德会从真正的友谊中受益。但如果我满足于独处，拥有更多朋友可能不会增加我的幸福感。虽然友谊、家庭关系和孩子是一些人幸福的源泉，但对另一些人来说，它们可能成为痛苦的来源。

再来看有关弗雷德幸福脆弱性的指控，我想知道谁的幸福永远是"认识论上不健全的"或不受"命运和财富的变迁"影响的。我相信弗雷德的幸福并不比其他人的幸福更脆弱，因为我们的道德价值观不能有效保护我们免受许多痛苦和不幸福来源因素的侵扰。例如，我们可能会对其他人产生强烈的依恋，但她们的健康和安全不在我们控制的范围内。同样，我们通常重视自己的健康和事业，但无论我们多么坚持有道德的生活，其中之一或两者都可能会遭遇挫败。尽管我们大多数人往往不会对自己的处境加以深思，而是坚持认为美德可以帮助我们抵御厄运。但所有人的幸福都是脆弱的。事实上，不道德者的幸福，就像其他人的幸福一样，很容易受到生活变动的影响。

此外，我想知道为什么高恩斯认为弗雷德没有任何朋友。毕竟，弗雷德应该是一个成功的不道德主义者，而不是一个不成功的人。虽然他不道德，但没有人知道这一点。在外表上，弗雷德显得心地善良、充满爱心；人们相信他是一个有德之人。毫无疑问，许多人都会尊重弗雷德，并把他视为好友。此外，需要强调的一点是，弗雷德可能并不在乎自己是否有朋友。

同样的错误解读，也致使墨菲对弗雷德的幸福产生误判。你可以因为看不惯弗雷德的生活方式而可怜他，也可以表明你自己更愿意做一个诚实（即便不那么受欢迎）的人。也许你还会怀疑弗雷德是否能一直将这个真假道德游戏玩下去。你还可能会担心弗雷德的口是心非有朝一日会被揭穿；一旦他的不道德行为被揭穿，你可能会担心整件事的后果会是什么。但反过来说，为什么要去假设弗雷德和你具有相似的价值观或担忧呢？你可能不想要因不道德行为而获得的幸福，但其他人可能想要。你对弗雷德生活方式在道德上的批驳，反映了你自己的价值观，但无法用来阐明弗雷德的生活质量。

因此，卡恩的批评者都没有提出令人信服的论据来质疑弗雷德的幸福。那些试图否定弗雷德幸福的人只是想让道德和幸福紧密联系在一起，因为一旦承认了它们彼此独立，道德论者就会面临一个可怕的问题："为什么人们要坚守道德？"如果一个人承认追求个人幸福可能与道德义务发生冲突，并且同意追求自己的幸福才是理性的，那么这个人也就被迫承认了不道德行为也可能是理性的。

许多哲学家试图通过否认道德和幸福可能存在冲突来规避这个结论。他们认为，承认存在道德义务之外的行为动机会降低道德的重要性，或者鼓励人们不那么认真地对待自己的道德义务。然而，我认为解决这个问题的关键并非否定不道德者的幸福。恰恰相反，哲学家们试图从日常语境中抽离出"幸福"这个词，并为其赋予一个哲学性的定义，此种做法无助于提升道德水平；相反，这只会加深哲学家与普罗大众之间的鸿沟。

道德还是道德的外表?

尽管幸福和道德在概念上是独立的,但一个人的道德品质和幸福感之间的确在实证上存在着相关性。因为我们大多数人都希望与他人发展和维持良好关系。如果我们以善良和真诚待人,他人亦更有可能对我们做出积极的行为反馈。所以道德的存在可以增强我们获得幸福的潜力。反之,一个人行径卑劣、背信弃义,只会让其成为孤家寡人。

在此,我并不否认存在幸福的暴君、幸福的隐士或是幸福的不道德主义者;然而,我们大多数人的幸福感依赖于他人的善意。研究幸福感的心理学家发现,人们的社会交往(包括家人和朋友)与生活满足感之间存在正相关。正如心理学家迈克尔·阿盖尔 (Michael Argyle) 指出的那样,"在许多研究中,社会关系被认为是幸福的最大单一来源"[7]。因为,对大多数人来说,拥有一个社交网络便增强了获得幸福感的能力。换言之,几乎我们所有人都希望自己在他人眼中是一个正面的形象。不道德的行为可能会带来短期好处,但从长远来看,却会玷污我们的声誉。

尽管对于道德品质与幸福之间存在实证意义上的关联这一论断,大家并无分歧,但一个经常被忽视的关键问题是,对我们而言,道德行为带来的好处究竟是源自我们真实的道德存在,还是仅仅源自我们呈现的道德外表? 美德之人受到道德责任的约束,绝不会去投机取巧,借用不道德的行为来提升幸福感。仅呈现道德外表的人与

128

7　Michael Argyle, "Causes and Correlates of Happiness," in *Well-Being: The Foundations of Hedonic Psychology*, edited by Daniel Kahneman, Ed Diener, and Norbert Schwarz, New York: Russell Sage Foundation, 2003, 362.

真正具有道德之人相比，在获取声望名誉上完全不落下风，并且前者还能投机取巧，通过不道德的途径来谋取好处，从而提升幸福感。因此，要获得最大程度上的幸福感，关键不在于真实的道德生活，而是呈现道德的外表。

为了更充分地阐述这一点，请考虑以下四种情况：（1）一个呈现道德外表的有道德之人；（2）一个呈现道德外表的无道德之人；（3）一个呈现无道德外表的有道德之人；以及（4）一个呈现无道德外表的无道德之人。

在所有讨论的情况中，情况（4）最为糟糕。公然的不道德者也许能获得一些短期好处，但一旦被视为无道德之人，获得幸福的可能性就很小了，因为不道德的行为至少会招来社会上的负面评价，甚至有可能招致牢狱之灾。

情况（3）中，呈现无道德外表的有道德之人，在促进幸福感提升上，和情况（4）中的无道德之人几乎处于同样不利的境地。尽管一个人仍然可以对自己真正拥有的道德行为而感到自豪，但她免不了会遭受与公然的不道德者相似的所有负面待遇。举个例子，一位律师因为相信正义意味着所有被指控犯罪的人都应享有称职律师为其辩护的权利，于是同意为一名被指控携带炸药实施大规模谋杀的恐怖分子辩护。该律师对在这起恐怖袭击中的遇难者毫无同情之意，并尽最大努力维护委托人的权益。公众并未理解她的立场，反而认为她是恐怖分子的支持者。她和她的家人因此受到死亡威胁，最终她被迫放弃律师工作，搬到另一个地方生活。她的行为本身是道德的，而且她本人可能会因自己的行为而获得一些满足感，但由于公众认为她的行为是不道德的，这一行为选择明显损害了她的幸福，产生的效果就如同她是一位不道德之人。

在情况（1）中，一个呈现道德外表的有道德之人，提出了一种普遍接受的幸福达成模式，但该模式仍存有缺陷。在幸福达成依赖于不道德行为的情况下，有德之人将被迫为了道德而牺牲幸福。这样的情况真的会出现吗？让我们来看一个例子。安妮被邀请去参加一场音乐会，但同一时间，她还需要去帮一些朋友粉刷公寓。安妮承诺过帮她的朋友们刷墙，但音乐会上表演的乐队是安妮的最爱，这次亮相是乐队解散前的最后一次公开演出。安妮不想错过这个千载难逢的机会，但如果安妮违背诺言，她的朋友们会非常难过。她该怎么办？

作为一个有德之人，她不得不履行自己的承诺，从而错过了一个给自己带来幸福的机会。然而，如果她不是那么恪守美德，她可能会编造一个有说服力的借口，从而前往音乐会，给自己带来更高的幸福感。有些崇尚道德的人可能会说，安妮的谎言会在某种程度上给她带来厄运，但这种假设虽然可能给崇尚道德的人士带来一些慰藉，却是没有根据的。我们可以讲述一个有关安妮因违背诺言而给她和她的朋友带来恶果的故事，但我们同样可以毫不费力地给出一个有关安妮的谎言为所有人都带来善果的故事。

有时选择恪守美德会带来苦痛。例如，某人可能出于善意停下车来帮助陌生人修理漏气的轮胎，却不幸被迎面驶来的卡车撞到。诚实的举报人可能会因为说真话而被解雇。同理，拒绝昧着良心投票的政客可能会因此而失去连任的机会。在所有这些情况下，个人的幸福都会因为恪守道德标准而被牺牲。

与恪守美德带来苦痛的情况相反，情况（2）给出了一个呈现德性外表的无德之人，她拥有有德之人享有的声誉以及由此带来的所有好处，同时避免了遵照道德要求行事的缺点。这样的人不会排除不道德行为的选择，因为首要考量在于其能带来更大的幸福。诚然，此人确实冒了很大的风险，毕竟一旦暴露，可能会带来毁灭性的结

130 果，但是通过努力树立道德的名声，并且只有在回报巨大且被抓住概率很小的情况下才采取不道德的行为，狡猾的不道德主义者可能比其他情况中的个体都更幸福。

面对这个结论，许多哲学家试图通过一些极端堕落的案例来批驳狡猾的不道德主义者的幸福，并明确指出，这种堕落行径并不比遵守道德传统的行为更受到青睐。然而在现实中，每个人面临的并非是在完全邪恶和完全道德之间做抉择，而是当不道德行为提供了一条通往幸福的可行道路时，我们是否会选择做出违背道德的选择。说到底，在面临极大诱惑时，我们必须做出一些至关重要的决定，而我们选择的行为方式将最终决定我们是谁的问题。

第八章

Chapter 8

追求幸福之洞见

生活满足感的幸福观认为，幸福就是一种满足的状态，除了个人自身的感受之外，它并不对一个人的生活价值观有所指向。一个人的幸福程度与她对生活的积极态度成正比：她对生活的感受越正向，她就会越幸福。但如果幸福等同于个人满足，那么它是不是就可以通过满足当下的欲望来实现？此外，在个人幸福问题上，赋予人们自主判断的主观权威，是否会妨碍就幸福提出中肯建议？

我认为这些担忧是缺乏根据的。追求当下的满足这一行为本身并不会让人们忽视关于幸福的建议，因为当下的满足并不能确保一个人未来也能获得满足。一个人通过不明智的方式获得的幸福可能只在短期内奏效，从长远来看反而会导致不幸福。幸福同时也是一个程度概念。一个人可能处于幸福状态，但她的满足感或许处于可以接受范围内的较低水平，仍然有相当大的提升空间。因此，为人们的选择提供建议，可以促使人们关注到生活目标的短视问题或满足感提升空间的问题。我们不必非要先去否定一个人的幸福，再提出有助于长远幸福或者获取更高幸福感的中肯建议。

比如，有一位名叫泰德的年轻人，经常逃学去和朋友们一起玩。他的问题是，只着眼于当下的幸福。最终，他将不得不从学校退学，从而严重影响他的前程。尽管他现在感到满足，但他是在拿自己未来的幸福换取当下一些短暂的快乐，这种行为只会危及自己长远的幸福。承认泰德当下的幸福并不意味着我们认可他的生活方式，也不妨碍我们向他提供建议。我们可以通过引导他去关注自己未来的前程，从而帮助他改变当前的行为选择。我们还可以通过向他介绍一些别人实践证明好用的幸福策略，帮助他提升获得更高幸福感的可能性。

幸福策略可以采取两种形式。为了方便区分，我们先来看哈米的例子。哈米给自己定的目标是申请到心理学博士学位课程。她已经申请了多个学校的博士学位课程，但都被拒绝了。哈米现在不太幸福，正在寻求帮助。第一种策略是寻找新办法来实现其目标，这与基于生活满足的幸福观比较一致。因此，我们可能会建议哈米申请一些不太知名的学校，这样她被录取的可能性会更大。

然而，为了使这类策略奏效，必须确保存在尚未尝试过的替代方案。这种策略对那些坚持不切实际的目标或面临不可逾越障碍的人来说是无效的。例如，一位演员或一位职业运动员，虽然抱有理想，但可能缺乏成功所需的天赋。这类人面临的问题不是努力不够，而是他们的目标超出了他们的能力范围，如果他们坚持继续实现目标，只会导致不幸福。

另有一些人则受困于厄运，难以找到出路。比如，有一名网球运动员，在距离赢得人生第一个冠军咫尺之遥的时候，她因伤被迫放弃比赛。之后，她试着重返赛场，但伤情始终影响她的表现，令她无法恢复以前的竞争力。她再也无法参与冠军争夺赛，可以说她的伤病基本上毁掉了她的职业生涯。因此，只要她还固执地坚守成为职业网球运动员的梦想，她就无法获得幸福。

然而，一个人的幸福并不是一成不变的。它不仅受到外部事件的影响，还受到个人内在偏好变化的影响。我们需要认识到人是充满活力的生物，能够改变自己的欲望、目标和价值观。第二种幸福策略就是让人们意识到这种变通的可能性，以此减轻生活带来的不幸。在无法改变我们外部条件的情况下，我们可以尝试改变生活目标，对目标进行修订甚至完全放弃，从而摆脱困局。

我们可以对哈米这位有抱负的研究生的情境做进一步的设想，她已经尝试了一切可用的方法来实现她的目标。不幸的是，因为她在心理学方面的履历不够有竞争力，她仍然没有被任何一所学校的博士项目录取。面对此般困境，她还能做什么呢？根据第二种策略，她可以重新思考为什么她喜爱心理学，然后尝试制定一个可实现的替代目标。如果她喜爱心理学是因为她喜欢帮助他人，那她可以找一份有类似价值实现感的工作，而不一定要攻读博士。在她执着于攻读博士学位成为一名心理学家的过程中，她忽略了这些可能性。一旦她愿意放弃那些不切实际的目标，代之以更容易达成的目标，她可能就会对自己的生活感到满意并获得幸福。

基于生活满足的幸福观有一个重要含义，即每个人都能掌控自己的幸福。人们常常会发现自己想要的和实际拥有的二者之间存在差距，并认为这种差距是不可弥合的，从而陷入绝望。但目标是可以改变的，这样一来就能创造一条通往满足感的新路径。

然而，不满足并不总是坏事。在一个人没有完全发挥自己的潜力，或者仍然存在达成目标的替代方案的情况下，不满足是适当的，甚至是有益的。在此类情况下，不愉快的经历甚至可能会激励一个

133

人付诸更大的努力和展现更强的韧性。让我们来看一位名叫利亚的学生的事例。她在一次自己有较高期待的重要考试中考得很不理想。她自认为是一名优秀的学生，但这次考试比她预期的更难，而且她高估了自己对这些知识的掌握程度。考试前一天晚上，当她的朋友约她去看电影时，她选择去赴约，而不是花更多时间学习。结果，她最终考出的分数很低，这让她很不快乐。

在此，利亚的不快乐并不是因为她在追求一个无法实现的目标，而是因为她知道这个目标是在自己能力范围之内的，但是她却没有达成。如果她准备地更充分一些，她的考试成绩可以更好。利亚的不满足是合理的，甚至她的不快乐可能对她是有益处的，因为这有助于她避免过度自信。感到不满并不意味着一个人所处的状况毫无希望，也不意味着对我们所想要和我们所拥有之间的差距感到绝望。相反，不愉快的经历会防止一个人变得自满，并激发个体去寻找通往成功的新路径。

但是，有的时候，我们所追求的东西并不具有实际达成的可能性。在这种情况下，不满足就会有自我破坏性，它不仅不会激励一个人更加努力，反而会将个体引入绝境。对此类情形，基于生活满足的幸福观会建议，改变一个人看问题的角度，为幸福设定更具可行性的目标。

134 　　最后一点建议。假设有人问你，你的生活是否幸福。这个问题的答案取决于你是"向上"看，即将你的生活与本来可以有多好进行比较，还是"向下"看，即将你的生活与本来可以有多坏进行比较。向上看很容易让你得出不那么幸福的结论，因为你的实际成就和理想生活之间存在差距。但如果你向下看，想到你的生活还存在诸多变得更糟的可能性，你可能会得出结论说自己更幸福了。因此，尽管你生活的所有外部特征保持不变，你向上还是向下比较当下生活，都会对你的幸福感产生影响。换句话说，一个人专注于自己已经取得的成就而非自己没有取得的成就，可以消除不满足感。还有一条建议，来自基于生活满足的幸福观：你可以自己决定如何获得幸福，关键在于你看待生活的视角。

这些幸福追求的洞见让人想起斯多葛学派的观点，我们曾在第二章中讨论过他们的哲学思想。回想一下，他们强调要改变一个人的想法，而不是试图改变世界，毕竟我们的想法可以在我们的掌控范围内，而世界万物则不然。在这一点，斯多葛学派的观点与基于生活满足的幸福观非常吻合。

结　语

幸福超越了种族、宗教和文化的障碍。我可能不了解你所在社会的价值观，不熟悉你的语言、习俗或信仰，但认识你的幸福状态，可以让我学到一些关于你的生活的重要信息。

在东非旅行时，我有机会访问一个位于肯尼亚的马萨伊人的传统村庄，在那里我感受到了幸福的力量。在参观之前，我们的导游给我们讲解了马萨伊人的文化。我们了解到他们过着游牧和田园式的生活，一切都是围绕着牛群展开的。马萨伊人住在用牛粪搭建的茅屋里，睡在牛皮制成的床上。牛也是马萨伊人食物的主要来源，他们的饮食包括牛肉、牛奶和牛血。马萨伊人的财富是以他们的牲畜来衡量的，对马萨伊人来说，积累除牲畜以外的物质财产毫无意义。

我们的导游郑重告诫我们："不要为这些人感到难过。相反，他们很幸福。"起初，我很难理解马萨伊人的幸福。在见到马萨伊人之

135

前，我的反应是："当然，他可以说他们很幸福，但他们的生活是如此贫瘠。他们怎么会幸福呢？"我看到的是马萨伊人缺乏基本生活设施，而且他们根本不了解现代技术。

然而，在参观了马萨伊人的村庄之后，我开始理解导游的说法，因为他们对生活的满足是显而易见的。马萨伊人对自己的传统生活方式感到非常自豪，并渴望向外来参观者介绍他们的习俗。马萨伊人的衣服由简单的长袍组成，但它们很漂亮，其明亮的颜色在干旱、尘土飞扬的地貌环境下显得格外醒目。尽管马萨伊人缺乏自来水和电力等基本设施，但大多数人都受过教育，他们的孩子也在上学。

参观者可能会忍不住同情这些人，就像我在最初见到他们时的反应一样。但这犯了一个错误。尽管他们的生活方式和生活欲求都与我们不同，但他们的所有需求都得到了满足。他们并不对现状感到痛苦，相反，他们享受当下的生活。简而言之，马萨伊人很幸福。

无论人们的生活方式有多么不同，生活满足感的幸福观都可以解释各种不同的幸福。这一幸福观既可以解释为什么物质占有如此少的马萨伊人仍然很幸福，也可以解释为什么我们社会中占有大量物质财富的富人仍然很不幸福。幸福是一种心态。如果你不能珍视你当下生活中拥有的一切，你就永远不会幸福。但如果你能在自己所处的生活境遇中感到满足——无论这种满足是什么——幸福就会属于你。

附 录

Appendix

体验机器

在幸福讨论的领域，有一个著名的思想实验，许多理论家认为这个实验反驳了享乐主义的幸福观。然而，我认为这个实验并没有给出充分的理由来否定享乐主义的观点。（在分析对享乐主义的批驳后，我会讨论享乐主义支持者们可以提出的两个反对意见。）对享乐主义的批驳主要来自当代著名哲学家罗伯特·诺齐克，他提出了一个有关体验机器的思想实验。假如世界上存在这么一台机器，它可以提供给人们任何一种快乐体验。虽然体验者实际上只是无意识地躺在一台机器里，但神经心理学家通过刺激体验者的大脑，可以让体验者感觉好像正在体验某些经历。从体验者角度来看，连接到机器带来的体验感觉与自己亲身经历带来的感觉没有什么不同，因为不管是借助机器还是亲身经历，大脑都会呈现完全相同的精神状态。

此外，我们还知道神经心理学家拥有一个包含各种欲望满足的庞大体验库，体验者可以自由选择感兴趣的体验内容。例如，也许你一直想成为一名宇航员，那么你可以选择体验在太空漂浮或在月球上行走的感觉。假设你热爱表演艺术，那么你可以选择成为首席芭蕾舞演员，或者在你最喜爱的歌剧中演唱咏叹调。也许你热爱运动，那么你可以选择在职业球队中踢球或体验一把担任球队老板的经历。你可以选择未来两年内你想体验的各种经历；两年之后，他们会叫醒你，让你再次做出选择。诺齐克告诉我们，任何人都可以接入体验机器，如此一来，你便不会因为思念你的朋友或亲人而感到任何需要"留在现实中"的压力。

诺齐克感兴趣的问题是，人们是否应该选择接入这台机器，预先设定自己的生活经历。接入体验机器会是一个好的选择吗？诺齐克的回答是否定的，他给出了三个理由。首先，他认为"我们想做某些事情，不仅仅是因为想拥有做这些事情的体验"。例如，我选择在当地的食物救济站做志愿者，是因为我认为帮助那些不幸的人很重要。我对仅仅体验志愿服务的"经历"，或是虚假地认为自己参加过志愿服务，并不感兴趣。我想成为真正的志愿者，而不是通过接入机器来虚假地参与。其次，他认为"我们想找到人生的方向，成为某一种人"。但当我们连接到机器上时，我们只不过是一滴在定制水箱中漂浮不定的水滴。诺齐克认为，选择接入体验机器的人很难真正找到自己是谁这种涉及人生意义的问题的答案，他认为这在一定意义上就是自我毁灭。最后，诺齐克认为，"接入体验机器会把我们限制在人造现实中，这不是一个比我们自己所能构建的世界更具深刻意义的世界"[1]。在这段话中，诺齐克暗示，许多人希望保留与那

---

[1] Robert Nozick, "The Experience Machine," in *Happiness: Classic and Contemporary Readings in Philosophy*, edited by Steven M. Cahn and Christine Vitrano, New York: Oxford University Press, 2008, 236, 237.

些意义深远的事物接触的机会，因此我们不应该接入体验机器。

诺齐克的结论是，我们拒绝接入体验机器这一行为让我们明白，对我们而言，什么是重要的。因为这证明我们珍视的并不只是感官体验本身，我们更倾向于过自己的生活，而不是让机器为我们代劳。另一位当代著名哲学家詹姆斯·格里芬（James Griffin）也赞同诺齐克的观点。他解释道："在我生活的重要领域，我更喜欢痛苦的事实，而不是舒适的幻想。"格里芬换了一种方式来表达和诺齐克一致的反对意见：假设演技超群的演员能够给你造成一种错觉，让你觉得自己深受爱戴和尊重。你愿意活在这样的错觉中吗？格里芬的回答也是否定的。他的理由是"我应该更喜欢与人交往中那种真实但又苦涩的滋味。而且，我更喜欢这种滋味，不是因为它在道德上更崇高，或是在审美意义上更可取，而是因为它会让我过上更值得过的生活"[2]。

显然，接入体验机器可以让人获得最愉快、最理想的体验，同时避免与现实相关的所有痛苦和不幸。诺齐克借助这个思想实验，旨在促使人们反思享乐主义的幸福观。如果幸福等同于快乐，那么接入机器应该会让你感到非常幸福。在诺齐克看来，尽管大多数人都渴望幸福，但大多数人都不愿意接入机器。诺齐克认为，人们不愿接入体验机器的行为可以证明，尽管体验者可以借助机器体验各种快乐，但实际上并不幸福。由此可以推断，享乐主义者对幸福本质的认识一定是错误的。

我不赞同诺齐克攻击享乐主义的观点，他的思想实验中至少存在两个问题。首先，即使大多数人拒绝接入机器，他们的理由可能涉及与幸福无关的其他价值考虑，例如道德、宗教或身心健康等相

138

2　James Griffin, *Well-Being*, New York: Oxford University Press, 1986, 9.

关的考虑。因此，不能将人们拒绝接入体验机器视为反对享乐主义的证据。[3] 其次，我不同意诺齐克在人们对接入体验机器会有何种反应这一问题上的直觉性认识。考虑到我们社会中普遍存在的逃避现实的行为，可能有不少人会觉得体验机器是一个不错的选择。如果诺齐克的直觉是错的，人们确实选择了体验机器，那么他的思想实验就无法构成对享乐主义的批驳。我将进一步讨论这两方面的问题，然后再来回应格里芬的反对意见。

我们先探讨第一个问题。假设莎莉拒绝接入体验机器，但我们知道莎莉渴望幸福。那是不是说，莎莉的拒绝意味着体验机器无法让人感到幸福呢？不一定，因为莎莉的拒绝可能只是反映了她认为有比幸福更重要的其他价值考量。例如，莎莉可能在道德上反对欺骗带来的幸福，或者可能她的宗教信仰禁止她这样做。尽管这两个原因都可能导致莎莉拒绝接入体验机器，但这两个原因都没有谈及体验机器是否真正能给人带来幸福。考虑这样一个具有类比意义的例子。琼是一名素食主义者，她在道德上反对吃肉和狩猎运动。但琼不能因为在她看来肉食主义者和猎人的幸福来源在道德上令人反感，就去否定这两类人的幸福。因此，我们同样不能将拒绝接入体验机器视为反对享乐主义的证据，因为拒绝背后的理由可能完全与幸福无关。

下面，我们来看诺齐克观点中的第二个问题。我认为，除了专业哲学家之外不会有太多人强烈抵制接入体验机器。看看人们是如

3　让·卡泽兹在她的书中提出了诺齐克"体验机器"思想实验的一个有趣的替代版本。她没有问我们是否愿意接入体验机器，而是让我们假设自己已然接入，因而我们当前经历的一切都已被预先设定。卡泽兹更喜欢这种替代方案而不是原始版本，因为她承认，"拒绝接入实际上并不那么容易解释"，并且除了我们的生活质量或我们自己的幸福之外，我们可能还出于其他原因予以拒绝（*The Weight of Things*, Oxford: Blackwell, 2007, 52）。

何选择度过闲暇时光的：读小说、看电影、玩虚拟现实游戏、参与著名战役的重现、参加文艺复兴装扮节日、游览迪士尼世界和威廉斯堡主题公园等。这份清单所涵盖的活动，仅仅是各种休闲方式中 139 比较良性且无害的一小部分，而这些休闲活动正是我们用来逃避现实生活的途径之一。许多较为有害的自我麻醉方式，例如使用迷幻药物、麻醉剂等行为在人群中的盛行，也许更能说明人们有逃避现实的需求。所有这些逃避现实的行为表明，人们可能比诺齐克设想的要更愿意去接受体验机器。

现在允许我说明一下我的论点的局限性：即使体验机器取得了巨大的成功，我们也无法就它是否会给人带来幸福得出任何明确的结论。与存在各种反对接入的理由一样，支持接入的理由也可以是多样的，而且它们可能完全和幸福无关。在此，我的观点是，你不能根据人们对接入体验机器的反应来对幸福的本质（以及幸福是否等同于快乐）做出任何假设。因此，诺齐克体验机器的思维实验并没有给出拒绝享乐主义的理由。

最后，我想简单谈谈格里芬的论点。格里芬认为，我们应该选择现实而不是幻想，因为现实让我们的生活变得更好。考虑到心理学领域关于认知偏差的研究，我怀疑我们每个人对现实的理解是否准确，以及幻想是不是比现实更糟的一种处境。让我们来思考一下"乐观偏误"，它会导致我们高估积极事件的可能性，低估消极事件的可能性。研究表明，这种偏误广泛存在，并影响到很多人。学生高估了自己的成绩，新婚夫妇高估了婚姻存续的时间，金融分析师高估了公司收益，吸烟者低估了自己患病的风险。[4]

4　David Armor and Shelley Taylor, "When Predictions Fail: The Dilemma of Unrealistic Optimism," in *Heuristics and Biases: The Psychology of Intuitive Judgment*, edited by Thomas Gilovich, Griffin Dale, and Daniel Kahneman, Cambridge: Cambridge University Press, 2002.

"优越幻象"（illusory superiority）是另一种认知偏差，它会导致人们在与他人比较中高估自己的积极品质和能力（并低估消极品质和能力）。研究者发现，这种偏差会影响人们在很多领域的判断，包括智力、特定任务中的表现、学术能力、工作表现和驾驶技能。优越幻象也发生在社会环境中，在与他人的比较中，受试者倾向于高估自己的领导技能、与他人相处的能力、受欢迎程度和对人际关系的满意度。[5]

140　　认知偏差的广泛存在表明，大多数人都带着美化倾向的眼镜来理解现实，因为我们倾向于对未来保持乐观，容易认为事情比实际情况要好得多，即使"事实"显现并非如此。然而，心理学家发现，有一小部分人并未受到认知偏差的困扰。他们始终能够准确评价自己的能力，并且对未来不过分乐观。唯一的问题是，这小部分人似乎对现实有更好的理解，但也患有一定程度的抑郁症。因此，实证研究表明，幸福的人很可能在生活的许多方面都处于幻想状态，而那些对现实理解没有偏误的人则处于抑郁状态。那么，格里芬可能更喜欢抑郁的现实主义而不是幸福的幻想，但这只说明了格里芬自己的偏好——他更看重真相而不是幸福。他对体验机器的拒绝，就像素食者不喜欢吃肉一样，只反映他的偏好，却无法告诉我们幸福的本质。

5　Vera Hoorens, "Self-Enhancement and Superiority Biases in Social Comparison," *European Review of Social Psychology* 4 (1993): 113–139; J. Suls, K. Lemos, and H. L. Stewart, "Self-Esteem, Construal, and Comparisons with the Self, Friends, and Peers," *Journal of Personality and Social Psychology* 82 (2002): 252–261.

｜ 译者后记 ｜

"何为幸福?"这样的问题如同人生苦乐和存在意义这样的问题一样具有永恒性和哲学性。正如本书作者所说,自伊壁鸠鲁和柏拉图的时代起,哲人们就在思考此类人生终极问题。快乐是否等同于幸福?践行美德的正义之士是否更接近幸福?道貌岸然的利己虚伪之徒是否也可以是幸福的,甚至更加幸福?幸福是源自欲望之满足,还是来自个体的主观满足感?个体对自己生活状态的满足感是否可以作为判定一个人幸福的充分条件?如果存在一种"体验机器",接入其中能给你带来精神上充分的满足感和幸福感,你会选择这种获得幸福的捷径吗?

本书作者维特拉诺主要采用两种方式,对以上颇具挑战性的问题展开深入浅出的论述。一是采用哲学观点辨析的方式来呈现各派幸福观,每个章节循序渐进,最终引向其所持有的幸福观。第一章对享乐主义的幸福观做了有趣的辨析,指出古典享乐主义和现代享乐主义的巨大差别。前者注重诸如友谊和美德等传统价值的作用,后者倾向于现代功利主义学派的快乐体验。维特拉诺从大众较为熟知的享乐主义哲学思想入手,此后每一章都对一种幸福观进行讨论与批评,既涉及柏拉图和亚里士多德等古希腊哲人的幸福理解,也探讨诺齐克和海布伦等当代哲人的幸福思辨。值得一提的是,在每一章的结尾部分,维特拉诺都会参与到该章所论之幸福观的讨论与批评之中,展现自己独到的思考。在这样的精巧构思下,作者在第六章将自己的幸福观抽丝剥茧般地展现在读者面前。作为译者,在翻译过程中,不仅能深刻感受到思辨中哲学概念的细微差异,也能体会到作者层层递进的巧妙运思。

二是作者从日常生活中的常识和案例入手构建符合当下生活世界的幸福观。形而上的哲学思辨往往容易陷入与现实生活脱节的困境，而幸福议题是我们生活中比较常见，大众也颇为关注的话题。维特拉诺虽然长期从事哲学研究，也对古希腊不同流派的幸福观有细致入微的陈述，但其目的在于构建一种适合于日常生活世界的当代幸福观。因此，论证中不仅有贴近日常生活的假设性案例，还有作者更为接近实用主义或者经验主义的幸福价值理解。因此，该论著并非完全偏向抽象的专业哲学概念辨析；与之相反，其中的一些论述对我们思考日常生活中的幸福问题具有较强的实践意义。事实上，在全文的最后一章，作者还慷慨地分享自己的幸福洞见，给出了日常生活中如何追求幸福的小窍门。因此，在现实意义上，维特拉诺的幸福观具有相当的实践指导价值，从其实用主义的视角解答了当代社会中"何为幸福"的问题。当然，幸福作为一个哲学议题总是充斥着各种不同理论解释，赞同与否取决于一个人的视角和目的。

本书在翻译过程中遇到的一个最大的困扰，源于幸福或快乐这类词汇在中文与英文中的多义与叠义。实际上，考察任何一个哲学概念最重要的就是要细察讨论者们论及的概念含义是否一致，或者至少要厘清论及的同一概念背后的差异。幸福一词在中文中，经常和快乐、开心、愉快等表达相近的意思，有的时候甚至可以替换使用。而在英文中，"happiness""pleasure""satisfaction""well-being"等词往往也有相近的意思。那么，当哲学家们在讨论幸福时，其背后所指的可欲之生活到底是什么样的呢？维特拉诺将幸福作为一个具有韧性的概念，考察了从接近美德良善的幸福观到欲望之满足的幸福观。此种对幸福的理解并不完全局限于字面意思的细微差异，更多涉及概念之后的哲学背景。因此，无论是翻译还是阅读，为了避免各相近词汇之间歧义或者产生理解上的偏差，较好的办法是将概念置于哲学解释或辨析之中，从而对这类容易产生理解偏差的概念置于具体语境中加以分析。

在翻译过程中，笔者力求将文字置于文本背景中，从而降低文字理解难度和歧义可能，增强其可读性。而对于何为幸福这一问题，在使用不同的词汇来表述的时候可能有迥然不同的意味。值得指出的是，在现代社会的日常世界中，我们往往将幸福等同于可体验的经历带来的满足感，而在古代社会中，幸福带有更多的精神性、道德性和神圣性之意涵。简而言之，现代社会的幸福可求可得，传统社会的幸福在于接近神灵或偶像。因此，对于幸福本质的理解和翻译带有强烈的文化价值和哲学思想背景差异问题，背后还蕴含着幸福概念定义的多元文化辩证的问题。

最后，本文翻译和文字定稿，在语言和哲学理解方面，获得了多方的支持和启发。翻译期间，陈嘉映老师于 2022—2024 年在浙大城市学院开设了语言哲学和心灵哲学的讨论班，以及古希腊相关系列讲座，我从中受益良多，也为自己对哲学概念考察与辨析提供了极好的机会，这也使得本书在翻译中遇到的一些概念变得清晰易懂。同时，本人也参加了浙江大学哲学系庞学铨老师和刘慧梅老师有关休闲哲学的讨论课，其中对于美好生活的思考和休闲哲学的多重视角帮助我在翻译过程中对基于满足感的幸福有了更多的批判性理解。浙大城市学院幸福城市研究院科研培育资金项目和杭州市哲学社会科学重点研究基地"杭州语言服务协同创新研究中心"为本文的翻译提供了极大的支持，特此表示感谢！

沈晓鹏

2024 年 11 月 30 日于杭州大运河

| 索 引 * |